ひとりだちするための社会

子どもたちの自立を支援する会 編集

JN071056

日本教育研究出版

目 次

私たちが暮らしている日本、そして世界は、様々な問題を抱えています。
国や地域の争い、貧富の差の拡大、資源やエネルギーの問題など。
　いろいろな場所に人が住み、それぞれの土地に歴史があり、習慣があり、
生活があります。みんな違った考えや価値観を持ち生きています。時には、
それが争いの元になることもあります。

　ふだん生活していると、自分には関わりのない問題に思えることもあるか
もしれません。ですが私たちは、これからも家庭や学校、地域で多くの人と
一緒に生活していきます。私たちの暮らしを守るため、そして次の世代や地球
全体のことを考えて、問題を解決するために行動し、持続可能な社会を作っ
ていくことが必要です。

経済格差	環境問題	紛争、戦争
少子高齢化	貧困	資源、エネルギー

次世代や地球全体のために
持続可能な社会へ

　これから私たちは、日本や世界の地域について学びます。また日本の歴史に
ついて学びます。そして、現代社会の仕組みやきまりについても学びます。
　自分自身や地域や地球に対して、将来に向けてできること、身近でできる
ことに役立つことを願っています。

1
私たちの
生活と情報

01

社会参加ときまり

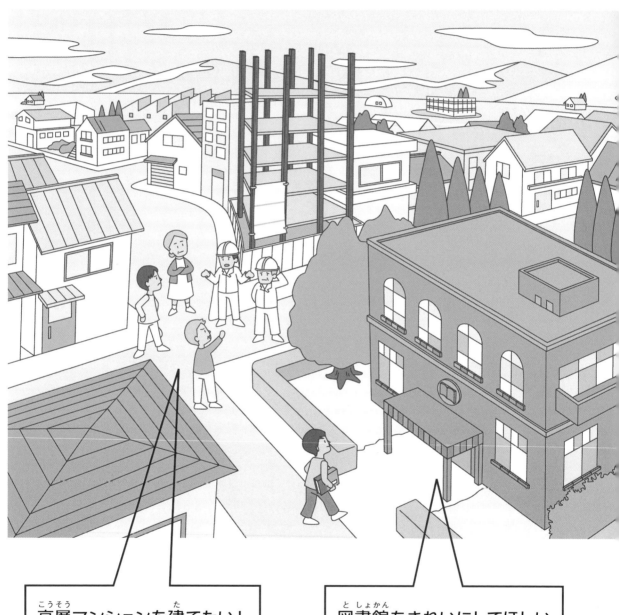

高層マンションを建てたい！

VS

建設反対！

図書館をきれいにしてほしい

VS

無駄だ、ぜいたくだ

　私たちの社会では、様々な場面で意見が対立したり、まとまらないことがあります。それぞれに言い分がある中で、みんなが幸せになれるように、納得のいく解決をするにはどうしたらよいでしょう。

ボール遊びや花火をしたい
vs
危ない、うるさい、迷惑だ

河川敷でバーベキューをしたい
vs
ゴミが出る、うるさい！

　解決するためには、みんなで話し合い、納得できる方向へ物事を進めていくことが大切です。ルールや決まりの決定には、みんなが積極的に参加し、それぞれが幸せになれるように努力することが必要です。これが民主主義です。

　民主主義では、ものごとを決める時に多数決を用います。ですが、単純に多い方に決めるだけでなく、様々な意見をぶつけて話し合い、合意点を見つけることが大切です。話し合う中で、より良い考え・解決法が生まれることもあります。また、少数の人の権利が侵されてはいけません。みんなの権利を保障していくためには、多数決だけでない、話し合いによる民主主義が必要です。

全ての問題について、町の人全員や、日本国民全員が集まって話し合うことは難しいため、選挙で代表を選びます。日本では、18才以上の全員に公職選挙の選挙権があります。一人ひとりの投票が重要になります。選挙で選ばれた人は、みんなの意見や願いを反映させるために仕事をしなければなりません。

町や国の大きな問題以外にも、身近な問題も沢山あります。学校、会社、家庭といった集団生活の中で、責任を持ち、自分の役割を果たすことも大切です。また、社会で起きていることに関心を持ち、自分が社会参加できることを考えてみましょう。

成年年齢は、20才から18才に引き下げられます

2022年4月1日から、成年（成人）年齢が20才から18才に変わります。成年になると、親の同意を得なくても、自分の意思で様々な契約ができるようになりますが、消費者トラブルに遭わないよう十分注意が必要です。また、飲酒や喫煙、競馬・競輪などはこれまでと同様、20才にならないとできません。

02

メディア・情報の活用

さまざまなメディア

　私たちのくらしの中には、たくさんの情報があふれています。くらしの中で見つかる情報は、どのように伝えられ、どのような役割を果たしているのでしょう。

Q. あなたが一番利用しているメディアはなんですか？

> [空欄]

　私たちは、テレビだけでなく、新聞、ラジオ、インターネットなど、様々なメディアを通じて情報を手に入れています。必要な情報を、上手に手に入れることができるよう、それぞれのメディアの特色をよく知ったうえで使い分けることが大切です。

テレビ

・動画と音声で伝える
・子どもからお年寄りまで楽しむことができる
・家にいないと見れない

新聞

・文字で伝える
・切り抜いて保存ができる
・持ち運びができる

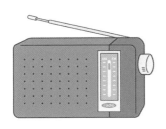

ラジオ

・音声で伝える
・運転や家事をしながら聞くことができる
・災害時にも使える

雑誌

・文字で伝える
・写真やイラストが多く、わかりやすい
・持ち運びができる

インターネット / スマホ / パソコン

・文字や映像などで伝える
・知りたい情報をすぐに調べることができる
・通信環境によって使えない時がある

他にもメディアによる違いや特徴について考えてみよう。

情報の信頼性

新聞やテレビといったマスメディアが、いつも正確な情報を伝えるとは限りません。たとえば、事実がおおげさに報道されることもありますし、不正確な情報が流れることもあります。そこで、マスメディアの情報の中から、信頼できる情報は何かを冷静に判断する力（メディアリテラシー）が必要になります。

「実際に体験した人や、現場の人にインタビューしていると、本当のことだなって思う。」

「確かに。でも直接話を聞いても、その一人の意見しか分からないよね。やらせかもしれないし。」

「ネットは怪しい時もあるけど、いろんな人の意見が沢山流れてくるから、客観的に分かるときもあるね。」

「政治のニュースでは、よく世論調査をやっているね。」

「そうだね。でもニュースがかたよった伝え方をしたら、間違って伝わってしまうこともあるね。」

■ 報道による印象の違い

　政党の支持率・不支持率などの数字を伝える報道で、どちらか一方を強調して表示すると、同じニュースでも与える印象が違ってきます。

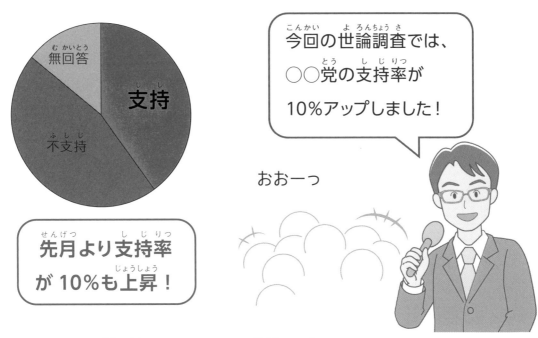

今回の世論調査では、○○党の支持率が10%アップしました！

おおーっ

先月より支持率が 10%も上昇！

※不支持率の方が多いのに、支持率が前回より上がったことだけが強調されています。

■ インターネットと政治

　インターネットが普及してきたことで、ホームページや SNS（ソーシャルメディアネットワーク）を利用する政治家も増えています。政治家にとって、自分の活動や政策を直接有権者に伝える手段になります。また有権者にとっては、マスメディアを介さずに情報を得ることができ、選挙権のない若者でも政治家に意見を伝えることができます。

ゲームに課金しすぎて、
高額の請求がきた

誰でも見れるネット上の掲示板に
個人情報をのせてしまった

他人の写真を勝手にSNSに
アップロードしてしまった

知らない相手から
迷惑メールが届いた

■ 身の回りにあふれるインターネット

政治以外にも、私たちはインターネットからさまざまな情報を受け取ります。だれでも簡単に情報を発信できるため、間違った情報や有害な情報がまぎれこみ、広まってしまうこともあります。

　私たち自身が、電子メールやブログなどで情報を発信するときには、情報の内容に責任をもち、受け取る相手のことを考えて発信することが大切です。

Q. インターネットを使ったやり取りで困ったことはありましたか？

■ インターネットの利点

　インターネットは、正しく付き合えば、生活をより便利にしてくれます。遠くの人と連絡を取り合ったり、自宅にいながらリモートワークで仕事をすることも可能にしました。遠隔で情報がつながるということは、高齢や障害などで外出が困難な人の助けにもなります。

・家にいながら配信で動画を楽しんだり、買い物ができる。

・病院がネットワークを使いカルテ情報を共有できる。

・防災メールや緊急地震速報などが瞬時に受け取れる。

　他にもインターネットのメリットをあげてみましょう。

Q. 他にもインターネットを使って便利なことはありましたか？

```




```

■ デジタルデバイド

　コンピュータや通信ネットワークは、とても身近な存在になりました。しかし、高齢者がコンピュータの操作法などを覚えるのは困難です。また、金銭的な理由で情報機器の購入が困難だったり、身体機能の障害により機器の操作が困難なこともあります。

　このように、情報通信技術を利用して受け取る情報に、格差が生まれることをデジタルデバイドといいます。必要な情報が、誰でも同じように受け取れるような世の中になることが大切です。

この章のまとめとチェック

●下のキーワードの中から選んで、文章を穴埋めしましょう。

・日本の普通選挙では、[　　　　]以上の国民全員に選挙権があります。

・民主主義では、ものごとを決める時に[　　　　　　]を用います。

・インターネットで情報を発信する時は[　　　　　　]の流出に気をつけ

ましょう。

> 多数決・ジャンケン・16才・18才・20才・裁判・トランプ
> ・話し合い・マスメディア・個人情報・世論調査・デジタル

●左の言葉と右の説明の、合うもの同士を線で結びましょう。

デジタルデバイド　・　　　　・　信頼できる情報を判断する力

リモートワーク　　・　　　　・　情報通信技術を利用して受け取る情報に、格差が生まれること

メディア・リテラシー　・　　・　会社から離れた場所で働くこと

●インターネットを利用する時にどんなことに気をつければよいか、思ったことを書いてみましょう。

2
公共施設の利用

役所
<small>やくしょ</small>

役所では、住民として必要な届け出や証明書の発行、健康や生活について必要な届け出等ができます。困ったことがあれば、自分の住んでいる地域の役所に相談しましょう。

住民登録と住民票
<small>じゅうみんとうろく　じゅうみんひょう</small>

　住民登録をすると、その市区町村の住民として認められ、住民基本台帳に記録されます。年金や選挙の投票など、様々な住民サービスの基礎となります。また、これにもとづいて発行される証明書が**住民票**です。車の購入や就職など様々な場面で利用される「住民票の写し」は窓口で申請できます。

他の市区町村へ引越す時は
<small>ひっこ</small>

引越す前に、今住んでいる市区町村の役所へ「転出届」を提出し、「転出証明書」をもらいましょう。

引越した後は、新しく住む市区町村の役所へ、転出証明書を持って行き、「転入届」の手続きをしましょう。

印鑑登録
<small>いんかんとうろく</small>

　役所で登録した印鑑を、**実印**といいます。重要な契約などにしか使わないため、大切に保管しましょう。

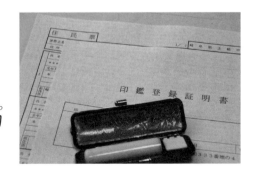

■ 戸籍

戸籍とは、日本の国民であることを登録し、証明するものです。親子兄弟関係や、生まれてから結婚したり亡くなったりなど、その人の一生が記録されます。

戸籍と関係する届出

出生届　　　　婚姻届　　　　離婚届　　　　死亡届

> **戸籍謄本（戸籍抄本）**
> パスポートを申請する際などに必要になります。家族全員の分を戸籍謄本、自分だけの分を戸籍抄本といいます。

■ 子育て支援

各自治体によって異なりますが、出産や育児に関する手当を申請できる場合があります。「子育て課」「子育て支援課」といった窓口が担当です。

■ 年金や保険

年金や保険の手続きも役所で行います。障害の有無や生活によっては、生活福祉課、介護福祉課などで手続きが必要になります。障害年金の申請も役所で行います。

> (!) 福祉サービスを受けるためには、申請をしましょう！

02

公共の交通機関

■ 経路・時間を調べる

　スマホのアプリやホームページ等で行き方を調べてみましょう。出発駅や到着駅、到着時刻などを入力すると、乗り換えルートや時間・料金等が分かります。ただし、インターネットが使えないこともあるので路線図や時刻表の見方も分かるようにしておきましょう。また、出発する時は、時間に余裕をもって出かけましょう。

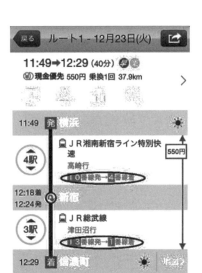

■ 料金の支払い

　料金の支払い方は、乗り物によって違います。バスは車内で支払い、電車は乗る前に券売機で切符を買うことが多いでしょう。また、交通系のICカードを利用すると、切符の買い間違いがなく、その都度お金を財布から出さなくても済むので便利です。

●電車の券売機で切符を買う

●バス車内で料金を払う

● ICカードをタッチする

ICカードは事前にお金をチャージして入れておきます。また、ICカードの代わりに、スマホでタッチできるアプリもあります。金額が少なくなると、自動的にチャージがされるオートチャージ機能付きのICカードもあります。

■ 割引制度

　交通機関によっては、子供や高齢者、障害者等に割引があります。利用の際には障害者手帳の提示が必要な場合もあります。各交通会社のホームページ等で自分の割引について調べてみましょう。

03

警察と消防

警察と消防は、犯罪や事故、火災などの災害から国民を守る機関です。全国に設置され、24時間体制で生活の安全を支えています。

■ 警察

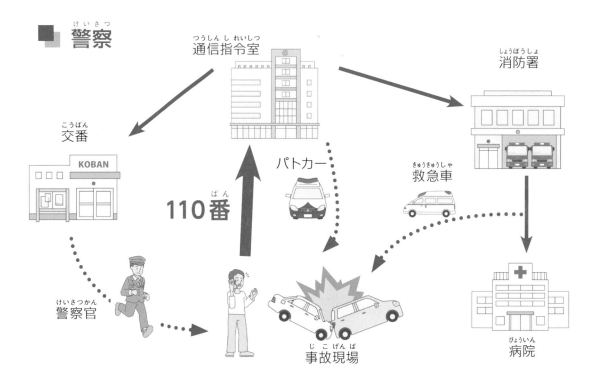

事故が起きたら、まず110番に通報しましょう。電話をすると、警察の通信指令室につながります。落ち着いて、正確に起こったことを伝えましょう。

■ 消防

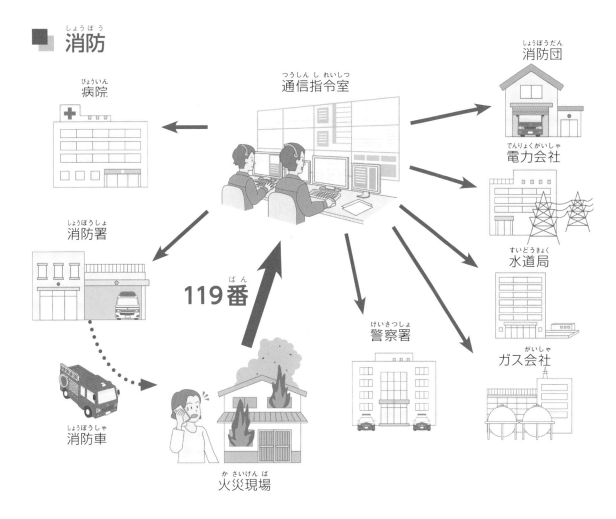

消防団

病院

通信指令室

電力会社

消防署

119番

水道局

消防車

警察署

ガス会社

火災現場

　通信指令室は、119番の電話を受けると、現場に近い消防署から消防自動車や救急車を出動させます。また、ガス会社、水道局、警察など、関係のある所へも連絡します。

　119番にかけると、「**火事ですか？救急ですか？**」と聞かれます。どちらなのか、はっきり伝えましょう。「**どこで、誰が（何が）、どうしたのか**」をあわてずに伝えましょう。

通報時の注意

・「どこで、誰が（何が）、どうしたのか」をあわてずに伝えましょう。

・いたずらや、緊急でないことで通報しないようにしましょう。

04

銀行や郵便局

■ 金融

「家を建てたい」「新しい工場を造りたい」などの理由でお金が必要な時に、手元のお金では全てを払えないことがあります。そういう時に、個人や企業から預かったお金を貸すことを**金融**といいます。お金を預かったり貸したりしているのが、銀行や信用金庫といった**金融機関**です。

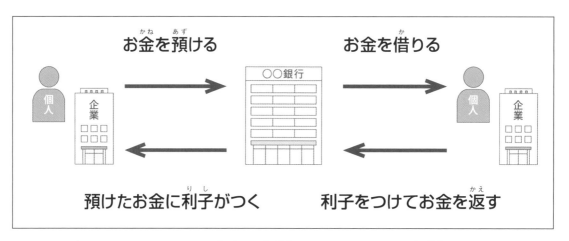

お金を借りた個人や企業は利子（利息）を金融機関に支払い、預けた個人や企業のお金には利子がつきます。借りたい人と預けたい人を橋渡ししているのが金融の役割です。

銀行や郵便局の通帳、カード類は絶対に他人に見せない・預けない！
銀行や郵便局で口座を作ると、通帳とカードが発行されます。これらは、お金を預けたり引き出す時に使うものです。絶対に他人に見せたり預けたりしないで、大切に保管しましょう。

■ 銀行の役割

●預金

銀行に口座を作ると預金ができます。預金には利子がつきます。預金や引き出しはコンビニなどにあるATMでもできるので便利です。

●貸し出し

「家を建てたい」「会社の資金が必要」など、様々な目的に併せて個人や企業に貸し出しをしています。

●その他

公共料金の口座引き落としや税金の支払い、給料の振り込みなど、お金に関する様々な役割があります。

■ 郵便局の役割

●郵便

手紙やハガキ、小包等の配送を行っています。切手の販売も行っています。年賀状の配送も郵便局が行っています。重要書類など、確実に届けたいものは書留で送りましょう。相手が受け取ったかどうかがハッキリ分かります。

●貯金

銀行と同じように、お金を預けたり、引き出したりすることができます。

●保険

郵便局では、生命保険も取り扱っています。

25

05

病院や保健所

■ 病院

　体の調子がおかしいと思ったら、病院へ行きましょう。ふだんから相談している「かかりつけ医」のいる病院があると安心です。健康相談や体調管理、病気になった時の初期診療をしてもらいましょう。より大きな病院での診察や治療が必要な場合には、かかりつけ医が紹介などをしてくれます。

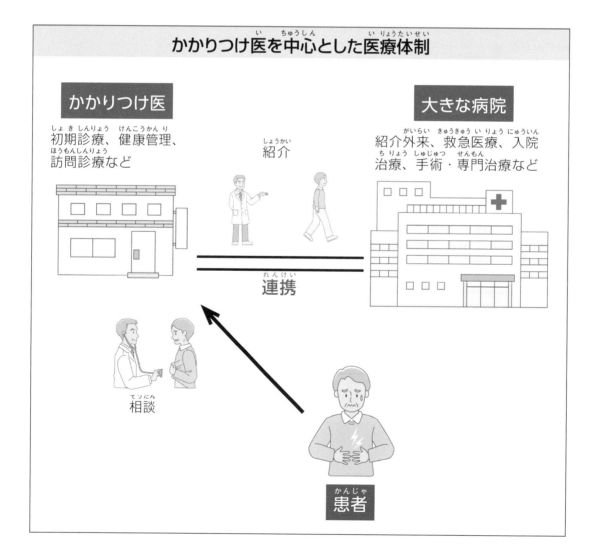

かかりつけ医を中心とした医療体制

かかりつけ医
初期診療、健康管理、訪問診療など

紹介

大きな病院
紹介外来、救急医療、入院治療、手術・専門治療など

連携

相談

患者

健康保険証

　病院に行く時は、健康保険証を持って

行き、窓口に提示します。診察にかかる

費用の一部を自己負担するだけで支払

いを済ますことができます。

　健康保険証は身分証明書にもなります

ので、大切に保管しましょう。また、

他人に貸したり預けたりしないように

しましょう。

他人に貸さない

他人に預けない

■ 保健所

　保健所は、地域の住民の健康を守る機関です。様々なサービスや情報

提供を行っています。

●母子保健

乳幼児健康相談や3才児健診なども行っています。赤ちゃんが生まれた時に

サポートしてくれます。

●精神保健福祉

心の病気や悩みについての相談を受け付けています。

●予防

感染症や結核の予防に関わる業務を行っています。新型コロナウイルス感染

症の際も相談窓口として受け付けをしていました。

この他にも、検診や健康に関する情報提供などを行っている。

06

仕事や生活の相談

■ 公共職業安定所（ハローワーク）

　求職登録をすると、職業相談や就職の紹介をしてくれます。また、障害者専門の相談窓口があり、障害者専門の求人票があります。就職した後も相談にのってくれます。

　また、失業した時に**雇用保険**（失業給付）の手続きもできます。これにより、離職して新しい仕事を探す間の生活費にあてることもできます。

就職相談と障害者手帳

障害者専門窓口での登録には、障害者手帳が
必要です。障害のあることが証明できます。
※ただし、手帳を持っているからといって、
障害者求人にしか応募できないということで
はありません。

■ 就労・生活支援センター

　地域や市区町村にあり、一般就労している

人が安心して働き続けられるように支援をして

くれます。仕事に就くまでの支援や、必要に

応じてビジネスマナーの指導なども受けられ

ます。また、すでに働いていて職場で困った

ことがある場合は、職場訪問やジョブコーチ

の派遣などの支援もしてくれます。

※事務所により、「就業・生活支援センター」と呼ばれるところもあります。

■ 福祉事務所（市町村の福祉課など）

　地域には必ずある公立機関です。担当の福祉司さんやケースワーカーの人が相談にのってくれます。障害者・高齢者の福祉施設入所や手当てなどの手続きもしれてくれます。

■ 相談支援事業所

　障害児・者の福祉サービスについて相談できます。また、福祉サービスの利用計画の作成もしてくれます。福祉事務所で受給者証をもらいましょう。

■ 社会福祉協議会（社協）

　高齢者や障害者の在宅生活を支援するために、ホームヘルプサービス（訪問介護）や配食サービスをはじめ、さまざまな福祉サービスをおこなっています。生活する上での困りごとの相談にのってくれます。

■ 児童相談所

　原則18才未満の子供に関する相談や通告について、子供本人・家族・学校の先生・地域（近所）の人など、誰でも相談することができます。

児童相談所への相談例

虐待など子供の人権に関わること

不登校や非行

障害を持つ子に関すること

■ 子育て支援センター

　どの自治体にも存在する子育て支援場所です。育児、経済的なことなど、子育てに不安なことがある場合は、一人で抱え込まずに相談してみましょう。

07

ライフイベント

　人生には様々なできごとが起こります。入学、就職、結婚などの人生の大きなできごとのことを、ここではライフイベントと呼びます。ここにあるのは一つの例です。近年では、一つの形式にとらわれない生き方も増えてきましたが、将来を見据えることで決断をしたり、備えることもできるので、参考にしてください。四角の中に、想像して数字を入れてみましょう。

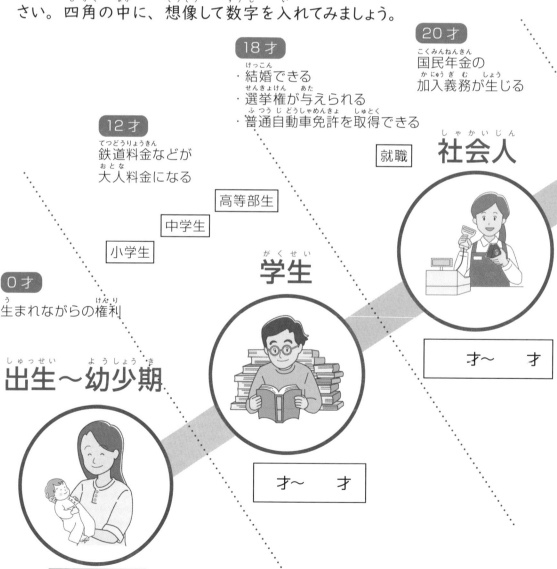

20才
国民年金の
加入義務が生じる

18才
・結婚できる
・選挙権が与えられる
・普通自動車免許を取得できる

12才
鉄道料金などが
大人料金になる

就職 社会人

高等部生
中学生
小学生

学生

才〜　才

0才
生まれながらの権利

出生〜幼少期

才〜　才

0才〜　才

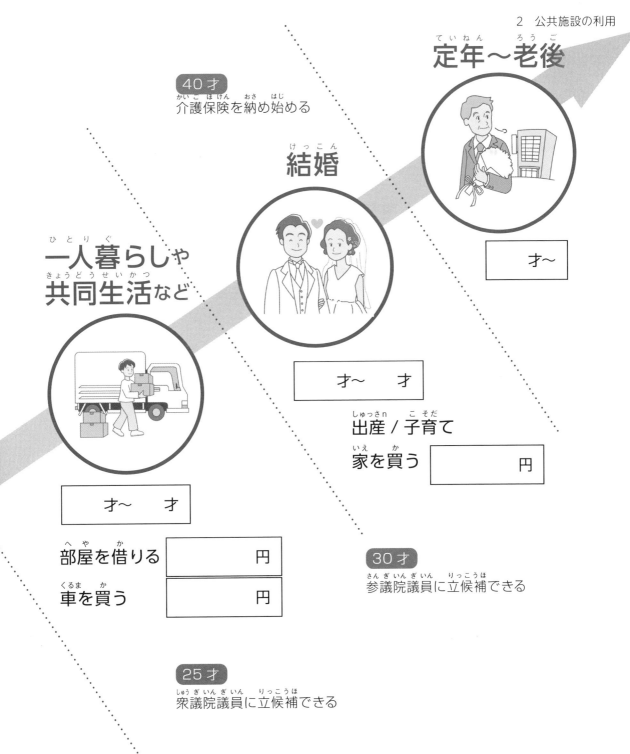

定年～老後

40才
介護保険を納め始める

結婚

一人暮らしや
共同生活など

　才～　

才～　才

一人暮らしや
共同生活など

才～　才

出産／子育て

家を買う　　　円

部屋を借りる　　　円

車を買う　　　円

30才
参議院議員に立候補できる

25才
衆議院議員に立候補できる

※結婚できる年齢について
2022年4月以降は、男女共に18才以上が結婚でき、保護者の同意も不要になりました。

この章のまとめとチェック

●下のキーワードの中から選んで、文章を穴埋めしましょう。

・交通機関によっては、高齢者や障害者に　　　　　　　　　　があります。

・　　　　　　　　とは、日本国民であることを証明するものです。

・ふだんから健康相談や体調管理をしてくれるお医者さんを　　　　　　　　

　といいます。

・病院に行く時は　　　　　　　　　　を持っていきましょう。

・銀行に預けたお金には、　　　　　　　　がつきます。

・仕事を探すときは　　　　　　　　　に行って相談や登録をしましょう。

雇用制度・IC カード・住民登録・割引制度・戸籍・かかりつけ医
・専門医・住民票・ポイント・健康保険証・パスポート・子供・借金
・利子・口座・ATM・登録制度・ハローワーク・金融機関

●次の文章を読み、（　）の中から正しい方を選んで○で囲みましょう。

・119 番に電話をすると、（ 近くの病院・通信指令室 ）につながります。

・警察は（ 12 時間・18 時間・24 時間 ）体制で生活の安全を支えています。

・役所で登録した印鑑を（ 認め印・実印 ）といいます。

・重要書類を郵送したいときは、（ 速達・書留 ）で送りましょう。

3
私たちと民主政治

01

政治の仕組み
（せいじのしくみ）

■ 国会
（こっかい）

　国会では、国民の暮らしに関わる法律や、政治を進めるために必要な予算などについて話し合い、多数決で決めています。選挙に立候補して当選した政治家が、国会議員として活動します。

　国会は衆議院と参議院の 2 つの院から成り立ちます。これを二院制といいます。いろいろな意見を聞き、慎重な審議をするためです。

	衆議院	参議院
議員定数	４６５名	２４２名
任期	４年 （解散がある）	６年 （３年ごとに半数改選）
投票できる人	１８才以上	１８才以上
立候補できる人	２５才以上	３０才以上

■ 選挙

国会で話し合いをするのは、選挙で選ばれた国会議員です。日本では、18才以上のすべての国民に、選挙権が認められています。わたしたちは、自分たちの代表者として国会議員を選ぶことで、政治に参加しているのです。

期日前投票：
投票日当日に来られない人が、期日前投票期間に投票する方法

不在者投票：
滞在地や指定病院等の施設や郵便などで投票する方法

「誰に投票したらいいか、よく分からないんだよね、、。」

「街頭演説や選挙公報、ネットの情報や新聞など、興味をもって見てみるといいよ。」

男女平等になって初めての衆議院選挙は 1946 年に行われた。

■ 内閣

内閣総理大臣は首相とも呼ばれ、国会議員の中から議決され指名されます。そのため、多数をしめる政党の代表が選ばれることが多くなります。

Q. 現在の内閣総理大臣を調べましょう。

国会で決めた法律や予算にもとづいて、国民のために仕事をすることを**行政**といいます。行政全体に責任を持つのが**内閣**です。内閣は、内閣総理大臣が各大臣を任命して作ります。内閣のもとには、さまざまな府・省・庁が置かれるので、内閣は各省庁を束ねるリーダーの集まりともいえます。

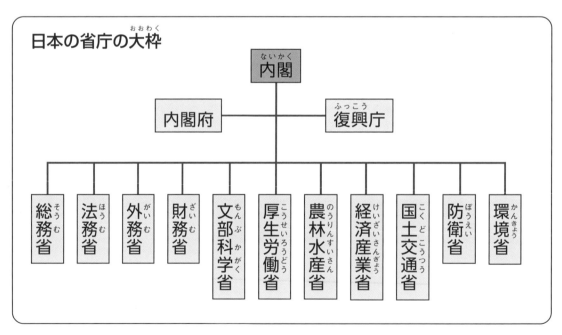

日本の省庁の大枠

内閣

内閣府　　　復興庁

総務省　法務省　外務省　財務省　文部科学省　厚生労働省　農林水産省　経済産業省　国土交通省　防衛省　環境省

道路の整備は国土交通省、教育については文部科学省、健康については厚生労働省、といったように、各省庁が分担して行政を行っています。

復興庁は、東日本大震災の復興を目的として、2030年3月31日までの期限付きの予定で設置された。

■ 内閣と国会の関係

内閣

国会

法案や予算案を作る
外国と交渉するなど

決定・承認
する

実行する

解散する

内閣　☞　衆議院

衆議院の解散権

内閣は、衆議院を解散すること
ができる。

不信任

内閣

衆議院

内閣不信任決議

衆議院は、内閣が信頼できない
時は、不信任決議を行って政治
責任を問うことができる。

■ 裁判所

人々や企業などの間で争いごとや犯罪がおこったときに、憲法や法律にもとづいて判断し、解決するのが裁判所の役割です。

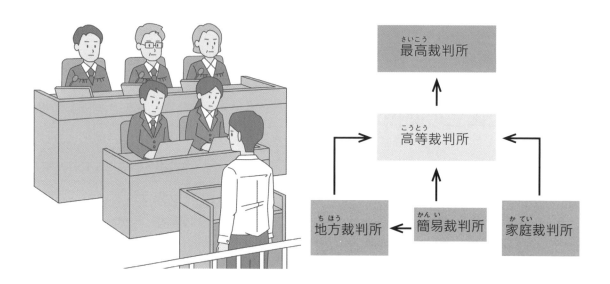

国民はだれでも裁判を受ける権利を持っています。裁判の判決は重要な意味を持つことから、より公正で慎重な裁判が行われなければなりません。また、判決の内容に不服がある場合は、3回まで裁判を受けられる制度があります。

裁判員制度

2009年からは、国民が裁判に参加する**裁判員制度**が始まりました。20才以上のすべての人が対象で、抽選によって選ばれます。

　障害のある人であっても、裁判員としての職務遂行に著しい支障がなければ、裁判員になることができます。ただし、例えば視覚に障害のある人であれば、写真や図面（現場の状況）を巡る判断が重要な争点になっているような事件では，障害の程度によっては裁判員になることができない場合もあり得ます。

■ 三権分立

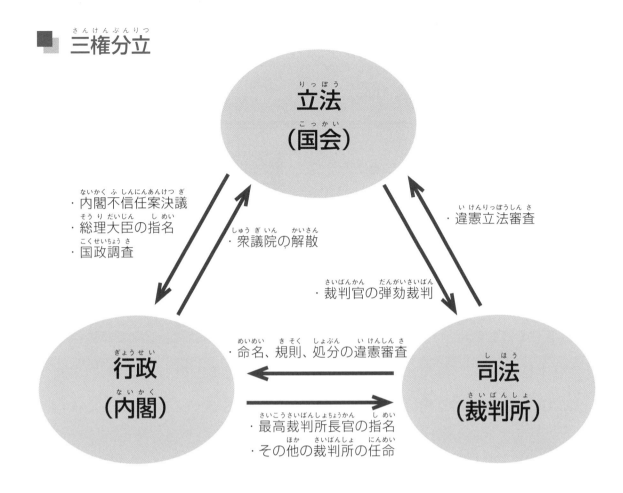

　日本では、国の政治をすすめる役割を立法・行政・司法に分け、それぞれの仕事を国会・内閣・裁判所が分担して行っています。それぞれの機関がその役割を実行するとともに、おたがいの役割がきちんと実行できているかを調べる役割を持つことで、一つの機関に権力が集中しないようにしています。このような仕組みを、**三権分立**といいます。これは、民主主義の政治をすすめるための大切な仕組みです。

02

日本国憲法

憲法では、国の基本的なあり方を定めています。日本における全ての法や決まりは、日本国憲法にもとづいています。憲法の内容を改める場合には、国会での議決に加えて、国民による投票が必要になります。

日本国憲法は、前文と、全 11 章 103 条によりできています。前文には、この憲法の基本的な考え方が書かれています。(右ページ参照)

「日本国憲法は 1946 年の 11 月 3 日に公布されて、翌年の 1947 年の 5 月 3 日から施行されたんだよ。」

「公布とか施行って、、、どういう意味??」

「こういう憲法になりますよ、と発表されるのが公布。そして、実際に憲法が発動されるのが施行だよ。」

「11 月 3 日に事前発表されて、翌年の 5 月 3 日からスタートしたってことね。」

公布日と施行日は、それぞれが祝日になっています。5 月 3 日は憲法記念日で、11 月 3 日は文化の日ですね。

日本国憲法には、基本的人権の尊重、国民主権、平和主義という3つの原則があります。

日本国憲法 3 つの基本原則

基本的人権の尊重・・国民はだれもが人間らしく生きる権利をもつ

国民主権・・・・・・国の政治のあり方は国民が決める

平和主義・・・・・・戦争を二度とくり返さない

日本国憲法前文（一部要約）

日本国民は、わたしたちと子孫のために、世界の国々と親しく交わり、国内に自由のめぐみをみなぎらせることが、国民を幸福にするものであると信じる。そして、政府の行いによってこれから二度と戦争の起こることのないようにしようと決意するとともに、ここに国の政治のあり方を決める力は、わたしたち国民にあることを宣言して、この憲法をつくった。

日本国民は、世界がいつまでも、平和であることを願う。そして、平和を愛する世界の人々の公正さと正義を信頼して、安全に暮らしていこうと決意した。

わたしたちは、正しい政治のやり方は、どこの国にも通用するもので、これに従いながら自分の国の独立を保ち、他の国と対等につき合うことが大事だと信じる。

日本国民は、国家の名誉にかけて、全力をあげて、この憲法の高い理想を実現することをちかう。

■ 基本的人権の尊重

　日本国憲法では、国民にはさまざまな権利が保障されています。これは原則の一つである基本的人権にもとづいています。また、国民が果たさなければならない義務についても定められています（右ページ参照）。

　私たちは、お互いの権利を尊重するよう努力しなければなりません。そして、国民の義務をはたしていくことが必要です。

国民の権利

思想や学問の自由

個人の尊重・男女平等

働く権利

団結する権利

言論の自由

政治に参加する権利

裁判を受ける権利

教育を受ける権利

居住・移転、職業選択の自由

健康で文化的な
生活を送る権利

第11条

国民は，すべての基本的人権の享有を妨げられない。この憲法が国民に保障する基本的人権は，侵すことのできない永久の権利として，現在及び将来の国民に与へられる。

　基本的人権は、人がもっている当然の権利で、生まれてから死ぬまですべての国民に保障されています。個人として尊重されることは、憲法に定められています。

　ここで気をつけなければならないのは、他人の権利を侵害しないことです。左ページの「国民の権利」の中に自由という言葉が何度か出てきます。たとえば、「言論の自由」によって、自由に発言をする権利があります。しかし、その発言で誰かを傷つることは許されていません。

　14ページを見返してみましょう。他人の写真を勝手にSNS等にアップロードしてしまった例です。アップロードする自由があると思ってしたことが、他人の「写真を見られたくない」というプライバシーを侵害してしまいました。

国民の３大義務

働く義務　　税金を納める義務　　教育を受けさせる義務

税務課

国民主権
<ruby>国民主権<rt>こくみんしゅけん</rt></ruby>

　<ruby>憲法<rt>けんぽう</rt></ruby>では、<ruby>国民<rt>こくみん</rt></ruby>が<ruby>国<rt>くに</rt></ruby>の<ruby>政治<rt>せいじ</rt></ruby>の<ruby>主役<rt>しゅやく</rt></ruby>とされています。18<ruby>才<rt>さい</rt></ruby><ruby>以上<rt>いじょう</rt></ruby>の国民は<ruby>選挙権<rt>せんきょけん</rt></ruby>を<ruby>持<rt>も</rt></ruby>っています。選挙で<ruby>選<rt>えら</rt></ruby>ばれた<ruby>議員<rt>ぎいん</rt></ruby>は、国民の<ruby>意思<rt>いし</rt></ruby>を政治に<ruby>反映<rt>はんえい</rt></ruby>させる<ruby>仕事<rt>しごと</rt></ruby>をしなければなりません。

<ruby>国会<rt>こっかい</rt></ruby>　<ruby>議員を選挙<rt>ぎいん　せんきょ</rt></ruby>

<ruby>地方自治<rt>ちほうじち</rt></ruby>　<ruby>首長や議員<rt>しゅちょう　ぎいん</rt></ruby>の<ruby>選挙<rt>せんきょ</rt></ruby>

<ruby>国民が主役<rt>しゅやく</rt></ruby>

<ruby>憲法改正<rt>けんぽうかいせい</rt></ruby>　<ruby>国民投票<rt>こくみんとうひょう</rt></ruby>

<ruby>最高裁判所<rt>さいこうさいばんしょ</rt></ruby>　<ruby>最高裁判所裁判官を国民審査<rt>さいばんかん　こくみんしんさ</rt></ruby>

<ruby>天皇<rt>てんのう</rt></ruby>は<ruby>大日本帝国憲法<rt>だいにほんていこくけんぽう</rt></ruby>では<ruby>主権者<rt>しゅけんしゃ</rt></ruby>でした。しかし、<ruby>日本国憲法<rt>にほんこくけんぽう</rt></ruby>では、<ruby>国<rt>くに</rt></ruby>の<ruby>象徴<rt>しょうちょう</rt></ruby>であり、<ruby>政治<rt>せいじ</rt></ruby>については<ruby>権限<rt>けんげん</rt></ruby>をもたないとされています。

■ 平和主義

日本国憲法では、二度と戦争をしないという国民の決意がかかげられています。また、核兵器の被爆国である日本は、「核兵器をもたない、つくらない、もちこませない」という**非核三原則**を定め、平和を実現するために努力しています。

> 第9条
>
> 　日本国民は、正義と秩序を基調とする国際平和を誠実に希求し、国権の発動たる戦争と、武力による威嚇又は武力の行使は、国際紛争を解決する手段としては、永久にこれを放棄する。
>
> 　この目的を達するため、陸海空軍その他の戦力は、これを保持しない。国の交戦権は、これを認めない。

「自衛隊は国を守るために必要最小限の組織であり、戦力にはあたらない、というのが政府の見解なんだね。」

03

税金

税金の役割

　国や都道府県、市区町村などが行う公共的な仕事にかかる費用には、私たちが納める税金が使われています。納税は、国民の三大義務の内の一つです（43ページ参照）。

　また、地震や台風などの自然災害によって大きな被害が発生した場合には、緊急の支援を行う必要があります。国民の命や暮らしを守るためのこうした費用にも、税金が使われています。

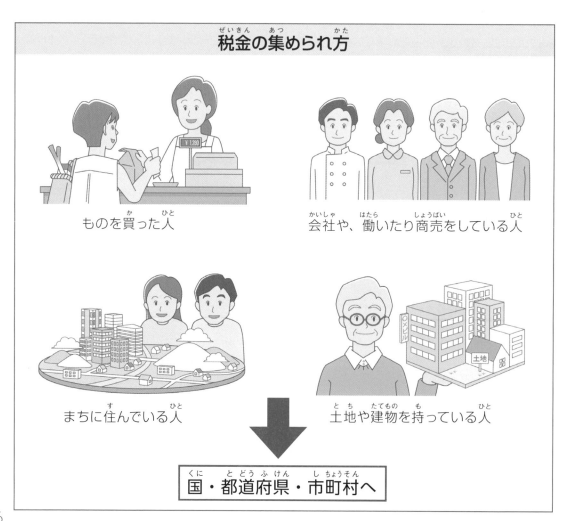

税金の集められ方

ものを買った人

会社や、働いたり商売をしている人

まちに住んでいる人

土地や建物を持っている人

国・都道府県・市町村へ

税金の使われ方

国・都道府県・市町村から

警察や消防など

道路の整備やゴミ収集など

お年寄りや障害者の支援など

医療や教育など

「もし税金が足りなかったらどうなるんだろう？」

「火事になっても消防車は来てくれないし、ゴミも収集されないままなのかな？道路もデコボコのままになっちゃう、、、。」

「みんなで使うものだから、みんなから集めているんだね。」

04

社会保障

■ 社会保障の考え

　病気や事故など、なんらかの理由で働けなくなったり、生活をしていくのが困難になることがあります。そんな時に、社会全体で助け合い、支えていくのが社会保障の考えです。みんなで積み立てたお金などで、困った人や高齢者に支給して支えるのが基本的な仕組みです。

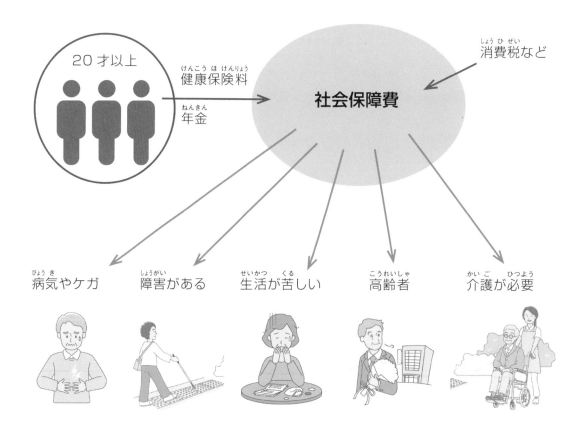

　日本国憲法第25条で定められている「健康で文化的な最低限度の生活」を営む権利（生存権）に基づいています。

■ 少子高齢化問題

　現在の社会保障制度は、働いている若い世代が納めることで成り立っています。しかし近年では少子高齢化が続いているので、受け取る世代の多さに比べ、納める世代が少ないことで負担が増しています。そのため、増税した消費税を社会保障の財源にあてるなどの取り組みがされています。

受け取る世代

年金・保険

納める世代

「自分たちの世代が年をとった時に、年金はちゃんともらえるのかな?」

「高齢者になると病院に行くことも増えるだろうし、医療費はどうしても増えてしまうね。」

「少子化対策も必要だし、みんなが安心して暮らせるように、きちんと対策を取らないといけないね。」

2019年に消費税が8%から10%に引き上げられた分は、全て社会保障のために使われています。

■ 社会福祉

　社会福祉は、社会保障制度の一つで、生活をするうえで支援を必要とする人たちが、支援やサービスを受けられるようにする仕組みです。社会福祉の中には、高齢者福祉や児童福祉など様々ありますが、ここでは障害者福祉について説明します。

● 障害者手帳

身体障害者、知的障害者、精神障害者といった障害の種類によって、それぞれ手帳があります。障害者手帳を提示することで、様々な支援やサービスを受けられます。医療費の負担減や、交通機関の割引、また各種税金の軽減もあります。申請方法は各自治体により違いますので、役所で相談しましょう。

©Haruno Akiha

● 障害者総合支援法

障害者自立支援法によって、障害の種類にかかわりなく支援やサービスが受けられる仕組みになりました。その後、**障害者総合支援法**に名称が変わり、2018 年の改正では、障害のある人が望む、住み慣れた地域で生活するために必要な支援が強化されました。

● 発達障害者支援法

2005 年に施行された、発達障害のある人の早期発見と支援を目的にした法律です。各都道府県と指定都市には、**発達障害者支援センター**の設置が義務付けられ、自立と社会参加を支援することになりました。

●バリアフリー新法

肉体的・精神的に負担なく移動できるように、街や建物のバリアフリー化が推進されています。電車の駅では、高齢者や障害者の人でも通りやすいような改札口やエレベーター、スロープ、多目的トイレの設置、点字ブロックなど工夫がなされています。

障害者も働きやすい社会へ

●合理的配慮

2016年4月より、すべての事業主に対し、障害者への**合理的配慮**の提供が義務化されました。たとえば社員の募集や採用時には、障害のある人が応募しやすいような配慮を、採用後は仕事をしやすいような配慮をすることなどを定めています。障害内容の把握、職場での支障の改善、合理的配慮の措置などの全てにわたり「話し合いの実行」が不可欠です。

本人や家族等による相談（意思表明）　→　配慮に関する話し合い　→　本人と企業が合意した上で実施

●法定雇用率

一定数以上の労働者を雇用している企業や地方公共団体を対象に、常用労働者のうち、障害者をどのくらいの割合で雇う必要があるかを定めた基準のことです。企業には**法定雇用率**の達成が義務付けられています。

この章のまとめとチェック

●下のキーワードの中から選んで、文章を穴埋めしましょう。

・日本では、[　　　　　]以上の国民全員に選挙権があります。

・日本国憲法は[　　　　　]年[　　　　　]に公布されました。

・日本の国会は、衆議院と参議院の2つの院から成り立ちます。これを

[　　　　　]といいます。

1995・2000・1945・1946・二院制・行政・内閣制・18才・20才・
25才・30才・大統領制・2月14日・5月3日・11月3日

●次の空欄を調べて埋めましょう。

日本国憲法の3つの原則

1
....

2
....

3
....

国民の3大義務

1
....

2
....

3
....

4
経済と産業

01

経済活動
けいざいかつどう

■ 経済ってなんだろう？
けいざい

　あなたは家具屋でイスを買う時、お金を払ってイスを買いますね。このイスは、家具屋が工場で作り販売しているものです。また家具屋は、材木市場でお金を払ってイスの材料となる材木を買い、イスを作り販売しています。

　このように、私たちの周りではお金を介して様々なやり取りがされています。様々なモノやサービスが生み出され（生産）、購入されています（消費）。この生産と消費を中心とした活動を**経済（経済活動）**といいます。

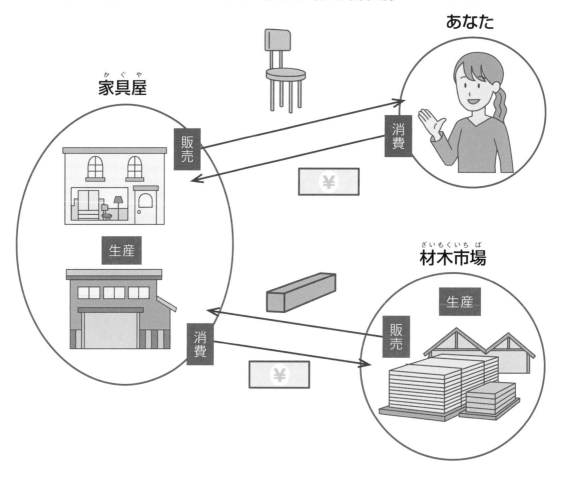

　家具屋は、材木を買ってくるだけでは家具を作れません。ネジや工具や機械など、生産するための道具や設備を揃えるお金＝費用も発生します。また、働いてくれる従業員に支払う給与も必要です。

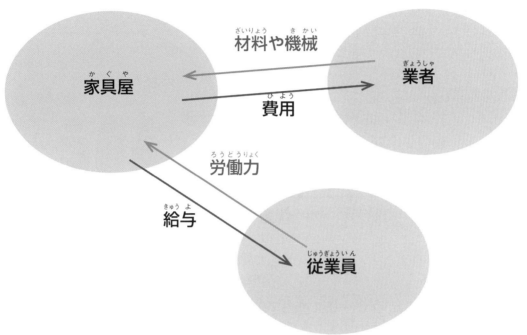

ネジ工場は、家具屋にネジを販売し、お金を受け取ります。
従業員は労働力を提供し、賃金を受け取ります。

　他にも、材木市場から家具屋に材木を運ぶ物流や、家具屋が CM を流したりチラシを配る広告宣伝といった活動も必要です。このような、生産と消費をつなぐ役割を**流通**といいます。

■ 企業と私たちの関係

　前ページの家具屋やネジ工場、材木を運ぶ業者、チラシを作っている人などを、企業といいます。モノやサービスを生産したり販売している組織や個人のことです。企業は人を雇用し、多くの人は企業で働き、賃金を得て生活します。

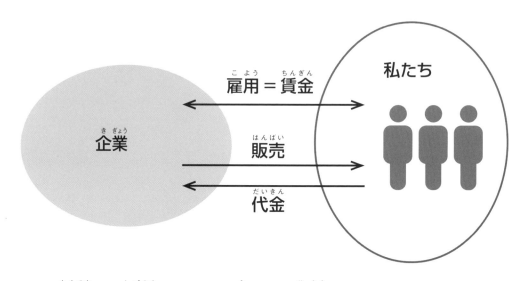

　企業の目的は、商品やサービス売って、利益を得ることです。販売した売上から、生産や販売にかかる費用を引いたものが利益です。費用には、材料や機械の他に人件費も計上されます。

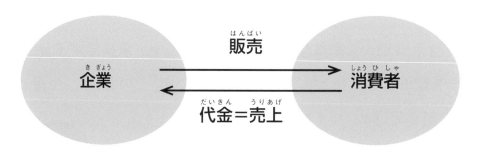

売上　100万円
（モノやサービスを販売したお金）

－費用　70万円
（材料や人件費など）
_____

利益　30万円

売上－費用＝利益

利益を最大にするのが企業の目的ですが、そのために何をしても良いわけではありません。企業にも、法令を守り人権を尊重することが求められます。

職場環境を整え、働きやすく魅力的な企業にすることで、企業側も良い労働者を雇用することができるでしょう。

■ 障害者と法定雇用制度

私たちの社会は、障害に関係なく、意欲や能力に応じて、誰もが職業を通して社会参加できる**共生社会**の実現を目指しています。

2020 年には企業の**法定雇用率**が 2.3% に引き上げられました。これにより、従業員 45.5 人以上の企業は法定雇用率を満たす障害者を雇用することが義務付けられています。

※変更があった時に記入しておきましょう。

年	年	年
%	%	%

■ 働く目的と労働者の権利

●働く目的

多くの人が企業で働き、賃金を得て生活しています。しかし、働くことはお金をかせぐためだけではありません。みなさんが様々な仕事につくことが、経済活動を支えています。役に立ち、必要とされることが、やりがいや充実感にもつながります。

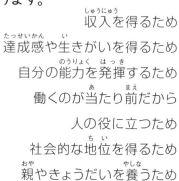
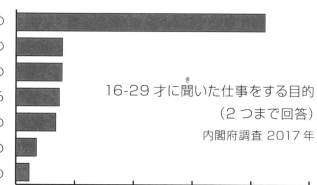

収入を得るため
達成感や生きがいを得るため
自分の能力を発揮するため
働くのが当たり前だから
人の役に立つため
社会的な地位を得るため
親やきょうだいを養うため

16-29才に聞いた仕事をする目的
（2つまで回答）
内閣府調査 2017年

●労働基準法

会社から一方的に解雇されたり、不当な条件で働かされることがないように、**労働基準法**という法律が定められています。

週に少なくとも1日の休日

男女同一賃金の原則

15才未満の児童を
使用してはならない

労働時間は週40時間
1日8時間以内

■ 働く環境の変化と課題

　ひと昔前の日本企業では、定年まで雇用する**終身雇用**という制度が多く取られていました。また年齢と共に賃金が上昇する**年功序列**を採用していました。しかし近年では、アルバイトや派遣労働者など、非正規雇用の形態で労働者を雇用することが多くなりました。また、少子高齢化で人手不足が進む中、外国人労働者をより多く受け入れることが議論されています。

「なぜ企業は正社員ではなく、非正規雇用の労働者を増やすようになったんだろう?」

「労働者の数を調整しやすいんじゃないかな。業績が悪くなった時でも、正社員は簡単に解雇できないから。」

「でも派遣労働者の人とかは、いつ雇用を打ち切られるか分からない不安があるよね。」

「賃金や労働条件に不平等なところもあるし、非正規雇用の人たちの立場を向上させる動きもあるね。」

●女性にとって働きやすい社会へ

　1986年に男女雇用機会均等法が施行され、職場での男女平等が定められました。さらに1997年にはセクシャルハラスメント（セクハラ）も禁止されました。また、女性は出産のために仕事を中断することがあります。育児と仕事の両立のために、1999年には、育児・介護休業法が施行されました。

　このように、女性が働きやすいように様々な施策が行われていますが、男性に比べて女性の賃金が低いなど、まだまだ問題があります。

02

日本の産業

　私たちの社会にある産業を、3つに分類することができます。**第1次産業**は、土や海・林といった自然に対して働きかけ、作物を作ったり、採取する産業です。**第2次産業**は、それらを使って加工する産業です。建物を建てたり、自動車を作ったりします。**第3次産業**は、第1次と第2次のどちらにも当てはまらない産業です。商業、運輸業、情報通信業、サービス業などです。

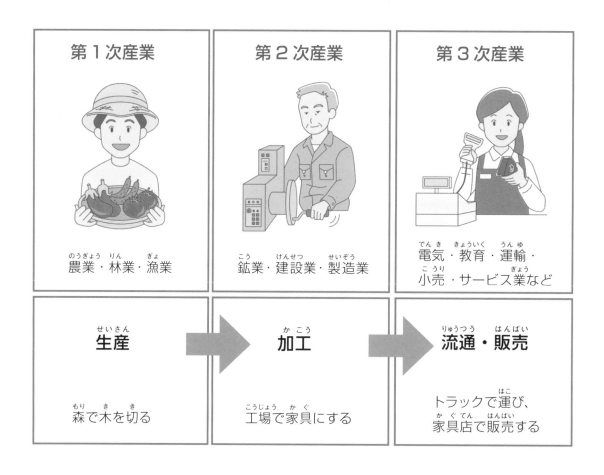

第1次産業	第2次産業	第3次産業
農業・林業・漁業	鉱業・建設業・製造業	電気・教育・運輸・小売・サービス業など
生産	加工	流通・販売
森で木を切る	工場で家具にする	トラックで運び、家具店で販売する

　たとえば「森で木を切り、工場で家具にし、家具店で販売するまで」を例に分類すると、産業同士がつながり合っていることも見えてきます。

産業別人口の移り変わり

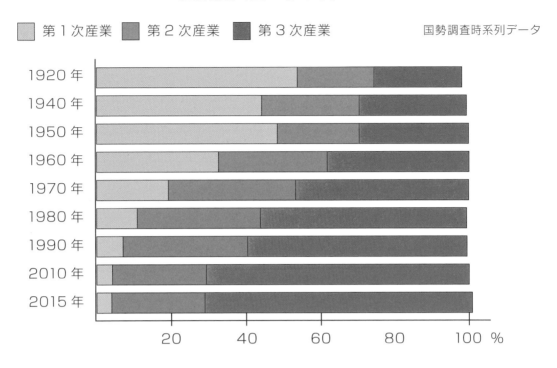

■ 第1次産業　■ 第2次産業　■ 第3次産業　　　国勢調査時系列データ

それぞれの産業で働く人の変化

　1920年代には日本の産業の約半分は第1次産業でした。それが、1960年代には30％台に減り、現在は最も少ない割合になっています。それと逆転して、現在では第3次産業が7割を超える割合を占めています。

「1970年ぐらいからは、コンピュータやゲーム産業がどんどん増えていったらしいね。」

「その頃にコンビニが誕生して、外食チェーンも増えていったし、飲食やサービス業で働く人が増えたんだろうね。」

　次のページからは、それぞれの産業について見てみましょう。

米づくりのさかんな地域

　第１次産業の一つである農業。私たちがふだん食べている米は、畑を耕して米づくりをしている農家によって作られています。米はどんなところで作られているのでしょうか。また、農家の人は１年間どのような仕事をして米を作っているのでしょうか。

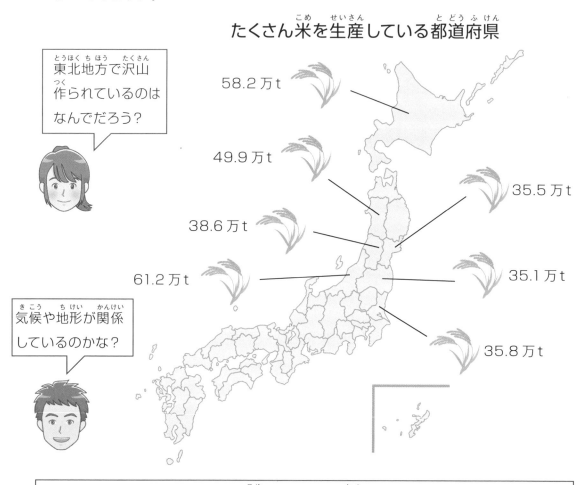

たくさん米を生産している都道府県

東北地方で沢山作られているのはなんでだろう？

58.2万t

49.9万t

35.5万t

38.6万t

61.2万t

35.1万t

気候や地形が関係しているのかな？

35.8万t

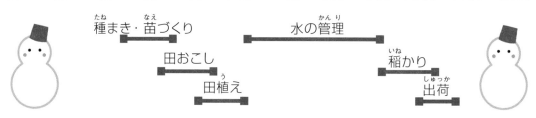

米づくりの１年

１月　２月　３月　４月　５月　６月　７月　８月　９月　10月　11月　12月

種まき・苗づくり

水の管理

田おこし

稲かり

田植え

出荷

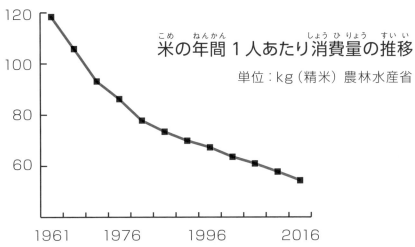

米の年間1人あたり消費量の推移

単位：kg（精米）農林水産省

120					
100					
80					
60					
	1961	1976	1996	2016	

これからの米づくり

　近年、米の生産量・消費量はともに減少しています。また高齢化も進み、農業で働く人の数も減り続けています。外国からの輸入米との競争もあり、米づくりの環境も変わってきています。

　農家の人たちは、生産組合を作り共同作業をしたり、機械類を共同で購入するなどの取り組みをしています。また、肥料や機械の工夫で作業時間を短縮したり、ネットを使い直接販売するなど、様々なチャレンジをしています。

「農家の人たちがいろんな工夫をしているから、今日も国産のお米が食べられるんだね。」

一人１年あたりの魚介類の消費量

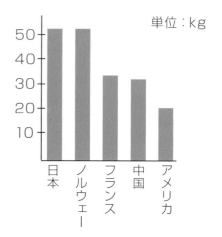

単位：kg

■ 水産業のさかんな地域

私たちの食卓には、米や肉の他にも、魚や貝類なども並びます。缶詰や冷凍食品なども多く食べられていて、日本人は世界でも有数の水産物の消費国です。

スーパーの魚売り場のパックにも産地が書いてあるよ。

たらばがに

リマン海流

たら

千島海流（親潮）

さけ

いわし

まぐろ、さんま、いわし、さば

対馬海流　さば

ぶり

ふぐ

日本の周りには良い漁場が沢山あるね。

いせえび、たい

日本海流（黒潮）

かつお

漁業の他に、水産加工業や養殖なども含んだ産業を、水産業といいます。

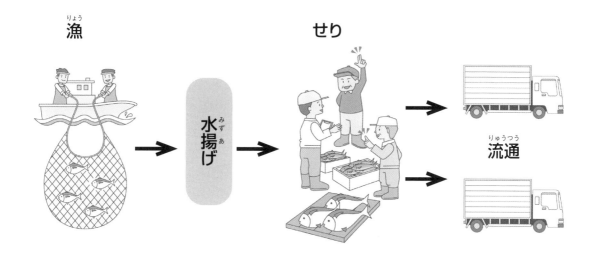

漁　せり　流通

	漁港名 （ぎょこうめい）	水揚高 （みずあげだか）
1	銚子 （ちょうし）	252,386
2	焼津 （やいづ）	169,806
3	釧路 （くしろ）	121,874
4	長崎 （ながさき）	118,532
5	境港 （さかいみなと）	115,374

2018年全国主要漁港水揚高（ぜんこくしゅようぎょこうみずあげだか）　単位：トン

変わる日本の漁業（かわるにほんのぎょぎょう）

　1977年頃から、世界各国は自国の水産資源を守るようになりました。自国の海岸から200海里（約370km）の範囲内で、外国の船による漁業を制限したのです。その影響もあり、日本の遠洋漁業や沖合漁業は減りました。

　日本の漁業生産量は減少を続けている一方で、世界の生産量は伸び続けており、中国やノルウェーなどの海外勢の進出によって、漁獲競争は激化しています。他にも地球温暖化による漁場の変化など様々な要因があって漁獲量が減る中、捕るだけではなく、魚を育てる養殖漁業が増えています。

水揚げ（みずあげ）：漁業の収穫（ぎょぎょうしゅうかく）のこと。船の荷物を陸に揚げることも水揚げといいます。

食料の輸入と自給率

これまで米づくりや水産業について学習しましたね。他にも作物の産地を調べてみましょう。

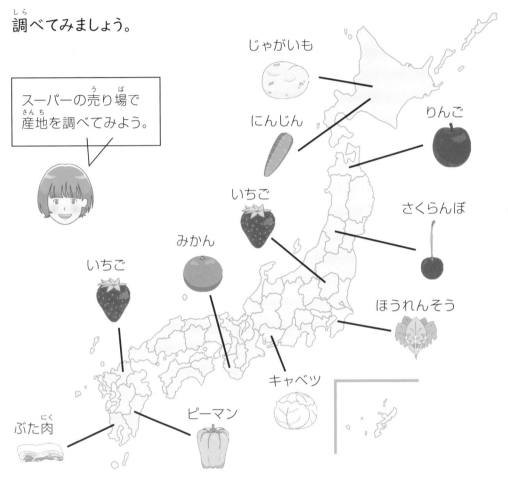

スーパーの売り場で産地を調べてみよう。

じゃがいも

にんじん

りんご

いちご

さくらんぼ

みかん

いちご

ほうれんそう

キャベツ

ピーマン

ぶた肉

また、国産だけではなく、輸入食料の割合も増えています。

輸入の割合が多い食料

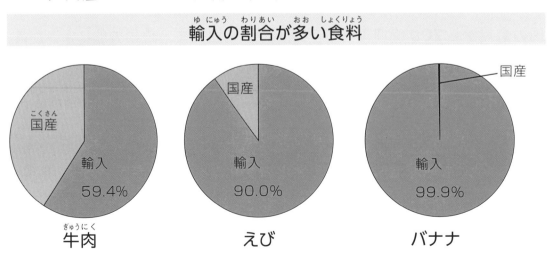

国産

輸入
59.4%

牛肉

国産

輸入
90.0%

えび

国産

輸入
99.9%

バナナ

●なぜ外国産の食料が増えたんだろう？

「昔よりも冷凍技術や交通手段が発達したから、新鮮なまま食料を運ぶことができるようになったんだって。」

「外国産の方が安い食料も多いしね。食料の輸入制限が撤廃されたことも関係しているのかもしれないね。」

●食料自給率

国内で消費された食料のうち、どれだけ国産の食料があるかを示すのが、**食料自給率**です。輸入食料が増えると、食料自給率は下がります。

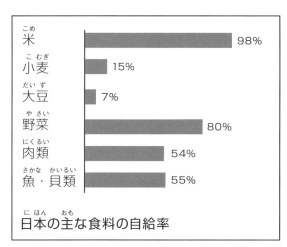

米	98%
小麦	15%
大豆	7%
野菜	80%
肉類	54%
魚・貝類	55%

日本の主な食料の自給率

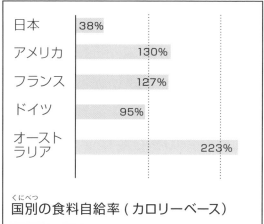

日本	38%
アメリカ	130%
フランス	127%
ドイツ	95%
オーストラリア	223%

国別の食料自給率（カロリーベース）

「米や野菜はわりと自給率が高いけど、小麦や大豆はほとんど輸入食料に頼っているんだね。」

「全体の自給率だと、アメリカやフランスは 100％ を超えているのに、日本は 40％ くらいしかないね。」

「戦後の日本は食料自給率が 88％ もあったんだって！どうしてこんなに下がってしまったんだろう？」

※農林水産省 2015 年

■ 工業のさかんな地域

身の回りにはどんな工業製品があるか調べてみましょう。洋服やパソコン、自動車や洗剤など、生活にかかせないものが沢山ありますね。

●工業種類の移り変わり

1930年頃の日本はせんい工業が盛んでした。1960年頃からは機械工業や化学工業の割合が増え続けています。日本の自動車や機械類は世界で売れています。

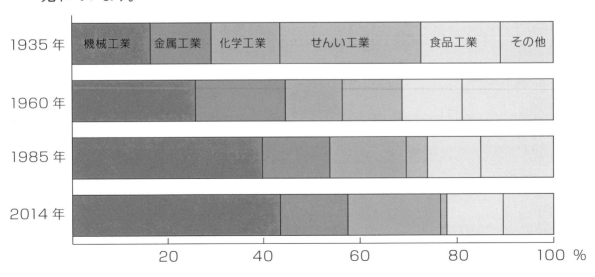

●工業地域

石油や鉄鉱石などの天然資源に恵まれない日本では、外国から原料を輸入して、工業製品を作っています。

阪神工業地帯

京浜工業地帯

北九州工業地帯

太平洋ベルト

中京工業地帯

　原料の輸入や、製品の輸出は船を中心に行うため、海沿いで平野部の多い太平洋沿岸に工業地帯が集まっています。茨城県から大分県までを結ぶ工業地帯・工業地域を**太平洋ベルト**といいます。また、高速道路の広がりと共に、内陸部にも工業地域が広がっています。

「日本全体で見ると工場の数は減っているらしいね。製造業で働く人の数も減っている。」

「海外工場が増えているからかな？でも日本のものづくり技術が受けつがれないと心配だな。」

この章のまとめとチェック

●下のキーワードの中から選んで、文章を穴埋めしましょう。

・経済活動とは、モノやサービスを生み出す [   ] と、お金を払い

それらを購入する [   ] という２つの活動を中心に動いています。

・1920 年頃の日本の産業は、第１次産業が占める割合が半分ほどあり

ました。しかし、1960 年代には [   ] ％台に減り、現在は最も

少なくなっています。

・日本の中で米づくりがさかんなのは、[   ] 地方です。

・一人あたりの米の年間消費量は、以前と比べて [   ] しています。

・日本の食料自給率は約 [   ] ％です。

工業・生産・提供・産業・消費・利益・10・20・30・40・
東北・関東・九州・増加・減少・並行・ヨーロッパ・アジア

●今後、あなたが働くことがあるとしたら、どんな仕事についてみたいですか。

また、働く目的はなんでしょうか。

[   ]

5
私たちの国土

01

世界の中の日本

ロシア

イギリス

ユーラシア大陸

中国

インド

アフリカ大陸

インド洋

オーストラリア大陸

６つの大陸と、３つの大きな海が目印になります。

日本はどこにあるでしょうか。

南極大陸

■ 世界の国々と日本の位置

グリーンランド

北アメリカ大陸

アメリカ

太平洋

大西洋

南アメリカ大陸

ブラジル

・地球は球体なので、地球儀で実際の位置
関係や大きさを見てみよう。・たとえば、
ブラジルは日本の裏側に位置しています。

■ 日本の周辺地域

　日本は、太平洋や日本海などに囲まれた島国で、アジアの東端に位置しています。周辺には、大韓民国（韓国）、朝鮮民主主義人民共和国（北朝鮮）、中華人民共和国（中国）、ロシア連邦などの国があります。

日本の周りは全部海なんだね！

外国に旅行をしたり、輸出入をする時には、船や飛行機を使う必要があるね。

日本は北から南まで約3000kmもある細長い国だね。

海岸線の長さは世界で6番目に長いんだって！

中華人民共和国

朝鮮民主主義人民共和国

大韓民国

東シナ海

与那国島（日本の西端）

台湾

ロシア連邦

オホーツク海

択捉島（日本の北端）

日本海

周辺の海
日本の周辺には、太平洋、日本海、東シナ海、オホーツク海があります。海の向こうに外国があり、陸地はどの国とも接していません。

太平洋

南鳥島（日本の東端）

沖ノ鳥島（日本の南端）

日本の領土

その国のもつ陸地と、陸地に囲まれた湖や川などを合わせて**領土**といいます。また、海岸から12海里（約22km）までの海を、**領海**といいます。領土と領海の上空は**領空**といいます。自国以外の船や飛行機は、許可なくその国の領土や領海、領空に入ってはいけません。

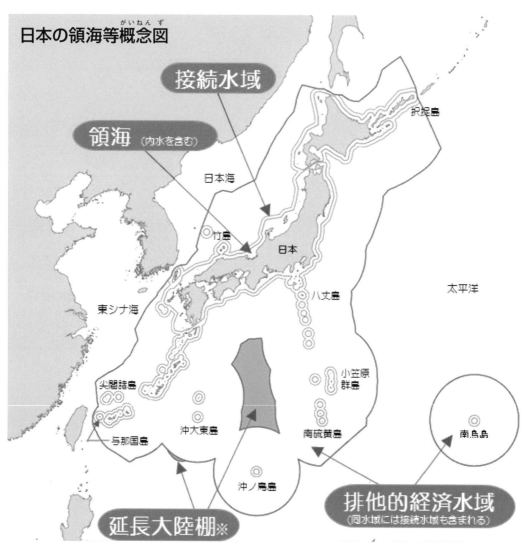

外国との境界が未画定の海域における地理的中間線を含め便宜上図示したものです。

排他的経済水域とは、自国の海岸から200海里（370.4km）の範囲内に設定することができる水域で、水域内の海上・海中・海底の資源やエネルギーについて、他国から侵害されない権利を持つことができる。

海上保安庁ホームページ (https://www1.kaiho.mlit.go.jp/JODC/ryokai/ryokai_setsuzoku.html)

■ 領土問題

世界各地で領土をめぐる争いや戦争が起こっています。日本も周辺国との間で、領土をめぐってさまざまな動きがあります。

●北方領土

北海道の北東にある北方領土は日本固有の領土です。第二次世界大戦後にソ連が占領してから60年以上、現在はロシアが不法に占拠しています。日本はロシアとの平和条約の締結に向けて交渉を続けています。

●竹島

島根県の竹島も日本固有の領土です。しかし、韓国が不法に占拠を続けています。日本は繰り返し抗議を行っています。

●尖閣諸島

沖縄県の尖閣諸島も日本固有の領土です。第二次世界大戦後にアメリカの統治下におかれましたが、沖縄返還とともに日本の領土にもどりました。1970年代から中国も領有を主張しています。

「どうして人も住みにくいような小さい島をめぐって争いが起きるんだろう?」

「島を領有していると、その周りに領海や経済水域ができるのが関係していると思う。」

「海底のエネルギー資源や漁業資源が自分の国のものになるから、争いの元になることもあるんだね。」

日本の国土

日本の国土の特徴

　日本は周りを海に囲まれた島国です。本州、北海道、四国、九州の大きな島を中心に、約6800もの島からなっています。また、海底にプレートがあるため地震も多くあります。春、夏、秋、冬という4つの季節があります。

北海道

本州

四国

九州

海岸線の長さは、日本より面積の広いアメリカやオーストラリアよりも長い！

Q. 日本で1番長い川はどこでしょう？

Q. 日本で2番目に高い山はどこでしょう？

●平地が少ない日本

日本の国土には、北海道から九州にかけて、中央に山脈が連なっています。国土の4分の3は山地で、平地は少ないです。

また、国土の3分の2が森林で、世界の中でも有数の森林にめぐまれた国土です。

●火山立国、日本

日本には沢山の火山があります。現在も活動している火山もあり、2014年には御嶽山が噴火しました。また、小笠原諸島の西之島は海底火山の噴火で誕生しました。

温泉は、地下の高温で温められた地下水が湧き出たもので、火山の近くにあります。

調べて書き込もう！日本の地方

■ 北海道

1戸あたりの乳牛飼育頭数は全国1位

知床半島は世界自然遺産

石狩平野

北海道

てんさい、じゃがいも、小麦、たまねぎ、
などの生産量が全国1位

洞爺湖

さけ、ます、かに、ほたて
の漁獲量が全国1位

人口：約523万人　　面積：83,450km²

　北海道は日本の最北に位置し、都道府県別では最大の面積。北に位置するため梅雨がなく、気候は亜寒帯（冷帯）である。冬が長く雪が降る。農業、漁業がさかんで、漁獲量は全国一位である。もともとは「アイヌ」といわれる先住民が暮らしており、江戸時代以前は「蝦夷」と呼ばれた。

■ 東北地方

りんごの生産量
が全国1位

ねぶた祭り

青森県

奥羽山脈

あきたこまち

秋田県

岩手県

南部鉄器

さくらんぼの生産量
が全国1位

山形県

宮城県

仙台市は東北
最大の都市

福島県

人口：約858万人　　面積：66,889km²

　本州の最北に位置する。「日本の穀倉地帯」といわれるほど、米づくりがさかんである。日本海側は、太平洋側に比べて冬に雪が多い。東北自動車道沿いにICなど精密機械の工場が進出している。仙台市は新幹線で東京と2時間ほどの距離で、関東との交流もさかんである。

■ 関東地方

いちごの生産量
が全国1位

栃木県

群馬県

富岡製糸場は
世界遺産

茨城県

霞ケ浦

埼玉県

東京都

千葉県

銚子港

神奈川県

箱根

ほうれんそう、ねぎ
の生産量が全国1位

人口：約4,352万人　　　面積：32,423km^2

　首都・東京がある関東地方では、日本最大をほこる関東平野が全県に
またがる。冬は乾燥した寒い日が続く。夏は内陸部で高温になり、都市部
ではヒートアイランド現象もおこる。日本の政治や経済の中心であり、東京大
都市圏には日本の総人口の4分の1にあたる約3,000万人が暮らしている。

■ 中部地方

信濃川は日本一長い川　コシヒカリ

新潟県

合掌造り

輪島塗・九谷焼　富山県

石川県

軽井沢

福井県　白川郷は　長野県

世界遺産

眼鏡フレーム　岐阜県

山梨県　ぶどう、ももの
生産量が全国1位

富士山

愛知県　静岡県
自動車　茶　ピアノ

人口：約 2109 万人　　面積：66,798km^2

「日本の屋根」とよばれる日本アルプスがそびえている。北側の北陸地方は季節風の影響で積雪があり、太平洋側は冬でも比較的温暖。中央高地は夏は涼しく過ごしやすいため避暑地として人気がある。東京と大阪の間に位置し、工業地帯が多く、自動車をはじめ様々な産業が活発である。

近畿地方

人口：約2224万人　　面積：33,112km^2

　関東に次ぐ第2の都市圏・経済圏である。大阪は江戸時代に「天下の台所」と呼ばれ、以降商業都市として発展した。この地方には、大規模な工場やコンビナートが立ち並ぶ阪神工業地帯もある。また、京都や奈良には古い文化財があり、観光名所としても有名である。

中国地方

らっきょうの生産量が全国1位

出雲大社

鳥取県　鳥取砂丘

石見銀山は世界遺産

島根県

岡山県

桃太郎

ふぐ

広島県

平和記念公園

山口県

かきの養殖

人口：約724万人　　面積：31,922km²

　本州西部に位置する。東西に中国山地があり、北側は山陰、南側は山陽と呼ばれている。山口県の下関は九州地方と交流がさかん。広島や岡山の沿岸部に工場が集まる瀬戸内工業地帯があり、化学工業や重化学工業が発達している。第二次世界大戦で原爆を投下された広島市が最大の都市。

四国地方

今治タオル

香川県
讃岐うどん

鳴門海峡
うず潮

愛媛県

徳島県
阿波おどり

高知県
なすの生産量が
全国1位

かつおの一本釣り

人口：約369万人　　面積：18,803km^2

四国巡礼・八十八箇所がお遍路さんで有名。太平洋側は黒潮の影響で1年を通じて温暖で降水量が多い。温暖な気候を活かし、ビニールハウスなどの温室を利用した促成栽培が行われている。本州とは3つの大橋でつながり便利になる一方、ストロー現象という大都市への人の流出がおきている。

九州地方

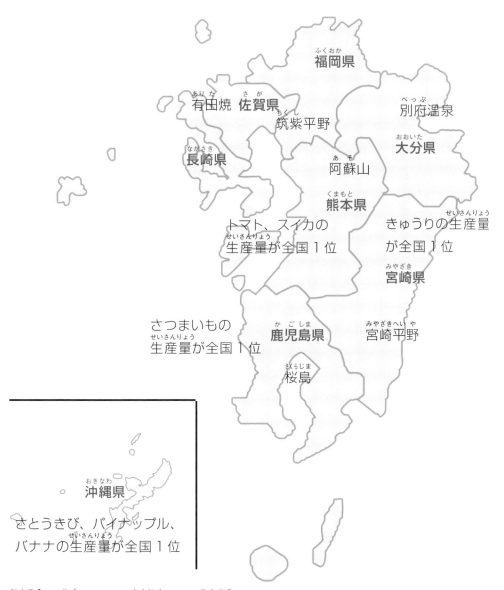

福岡県

有田焼　佐賀県
筑紫平野

別府温泉

長崎県

大分県

阿蘇山

熊本県

トマト、スイカの
生産量が全国1位

きゅうりの生産量
が全国1位

宮崎県

さつまいもの
生産量が全国1位

鹿児島県

宮崎平野

桜島

沖縄県

さとうきび、パイナップル、
バナナの生産量が全国1位

人口：約1420万人　　面積：44,513 km²

　九州地方は、日本の南西部に位置し、冬でも温暖である。九州には多くの火山があり、台風も多い。平野部では稲作や、野菜の促成栽培が行われている。また、北九州を中心に多くの工場がある。沖縄は観光業がさかんで、さとうきびやパイナップルなど亜熱帯気候を生かした農業が行われている。

■　地域による特色

　日本は南北に長く、地形にも違いがあるため、地域ごとに様々な気候の様子が見られます。雪の降る地域や、1年中暖かい地域、台風がよく上陸する地域など、それぞれに特色があります。

北海道札幌市の平均気温　8.9℃

2階の高さまで雪が積もるよ

森や川など自然が多い

人が沢山住んでてビルも多いよ

台風が毎年上陸するんだ

沖縄県那覇市の平均気温　22.7℃

都道府県の平均データ

平均人口	269万人
平均面積	8041km²
平均気温	15.3度

自分の住んでいる地域は平均と比べてどうだろう？

■ 自分の住む都道府県について調べてみましょう

都道府県名

```
┌─────────────────────────────────────────┐
│                                         │
│                                         │
│                                         │
└─────────────────────────────────────────┘
```

県庁所在地

行政機関の本庁舎（都庁、道庁、府庁、県庁）が置かれている場所

```
┌─────────────────────────────────────────┐
│                                         │
│                                         │
│                                         │
└─────────────────────────────────────────┘
```

知事

```
┌─────────────────────────────────────────┐
│                                         │
│                                         │
│                                         │
└─────────────────────────────────────────┘
```

人口　　　　　　　　　　　面積

```
┌──────────────────┐    ┌──────────────────┐
│                  │    │                  │
│                  │    │                  │
└──────────────────┘    └──────────────────┘
```

特徴

（暖かいか寒いか、どんな食べ物があるか、有名な山や建物はあるか、など）

```
┌─────────────────────────────────────────┐
│                                         │
│                                         │
│                                         │
│                                         │
│                                         │
│                                         │
│                                         │
└─────────────────────────────────────────┘
```

03

自然災害を防ぐ

■ 東日本大震災

　2011年3月11日午後2時46分に大地震が発生し、それにともなう大津波によって、東北地方を中心に大きな被害が出ました。地震の規模はマグニチュード9.0で、日本で観測された史上最大の地震でした。多くの方がなくなり、被害を受けた地域の復興には、多くの時間がかかります。

■ 災害対策

　津波に対しては、堤防を高くしたり、避難タワーを設置するといった対策が取られています。また、地震や台風、豪雨に対しては、建物・道路の耐震化工事や空港などの浸水対策など、各地で自然災害に強い街にするための取り組みが行われています。

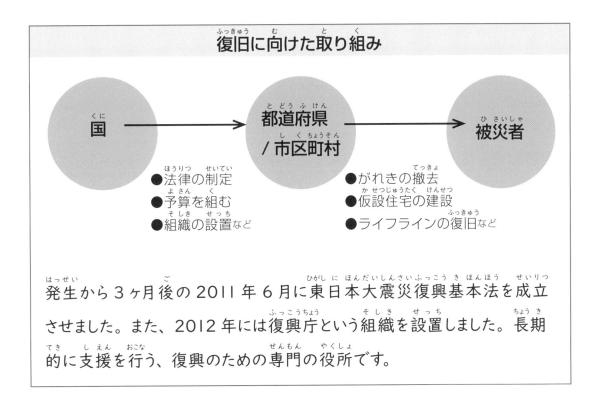

発生から 3 ヶ月後の 2011 年 6 月に東日本大震災復興基本法を成立させました。また、2012 年には復興庁という組織を設置しました。長期的に支援を行う、復興のための専門の役所です。

■ 防災についての心がけ

　日本は自然災害の多い国です。日頃から防災訓練を行ったり、防災マップや標識等を見ること。一人ひとりの心がけで、いざという時に災害から身を守ることができます。

「うちは防災グッズを揃えてあるよ。あと、日頃からハザードマップを見るようにしてるよ。」

「津波が来たら、すぐに高台に逃げないといけないよね。家族で難場所について話し合ってるよ。」

「最近は大雨も怖いから、すぐに避難できるようにしてる。」

この章のまとめとチェック

●下のキーワードの中から選んで、文章を穴埋めしましょう。

・世界にある３つの大きな海とは、太平洋・大西洋・☐☐☐☐☐☐☐です。

・日本は周囲を海に囲まれた島国で、中国や韓国といった近隣の国とは陸地が接して☐☐☐☐☐☐。国土の☐☐☐☐☐☐は山地で、平地が少ないです。南北に長く、春夏秋冬の４つの季節があります。

・北海道の札幌市と、沖縄県の那覇市では、平均気温が約☐☐☐☐☐度も違います。

> アジア海・太南洋・インド洋・います・いません・3分の2・4分の1・
> 4分の3・ヨーロッパ海・10・12・14・16

●自分の住んでいる都道府県の平均気温を調べてみましょう。

....

●防災について、日頃からどんなことに気をつければよいか、思ったことを書いてみましょう。

6

世界と日本の
つながり

01

世界の国々とのつながり

■ 日本を行き来する人々

※外務省・法務省

日本から外国に行き、そこで暮らしている人も沢山います。右のグラフを見てみましょう。

Q. 日本人が一番多く住んでいる外国は？

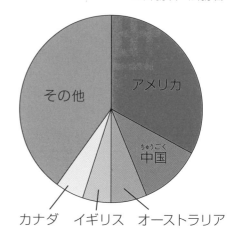

また、多くの外国人が日本に住んでいます。左のグラフは日本に住む外国人を割合で表しています。

Q. 日本に住んでる一番多い外国人は？

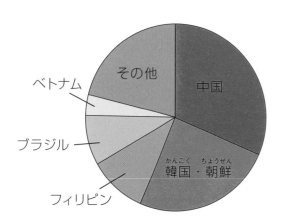

東京の浅草や京都や奈良など、日本には沢山の観光地があります。観光で日本を訪れる外国人も年々増え続けています。2019年の年間訪日外国人数（推計値）は、3188万2100人でした。

日本の貿易相手国

　私たちの身の回りの製品を見ると、外国産のものが沢山あります。また、自動車など、日本で作られた製品や部品も外国に数多く輸出されています。

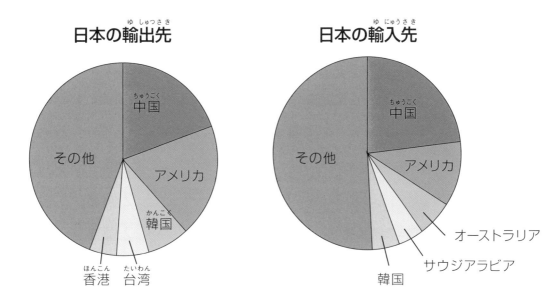

日本の輸出先　　　　　　　日本の輸入先

※財務省貿易統計 2018 年

輸出

輸出先のトップは、年によって順位の入れ替わりがありますが、中国とアメリカです。アメリカには自動車を多く輸出しています。アジア諸国には機械類や電化製品、部品などを多く輸出しています。アジアの国々には工場が増えているため、インフラ設備のために必要な資材を日本から輸入しています。

輸入

2002 年以降は中国が輸入相手国のトップです。人件費の安い中国に工場を建てて製造し、日本に製品を輸入していることが大きな要因です。2003年頃から資源やエネルギーの価格が上昇したことにより、産出国である中東やオーストラリアの順位が上位に来るようになりました。しかし、2014 年頃から資源価格の低下により、輸入額は減少しています。

02

世界の国々の特徴

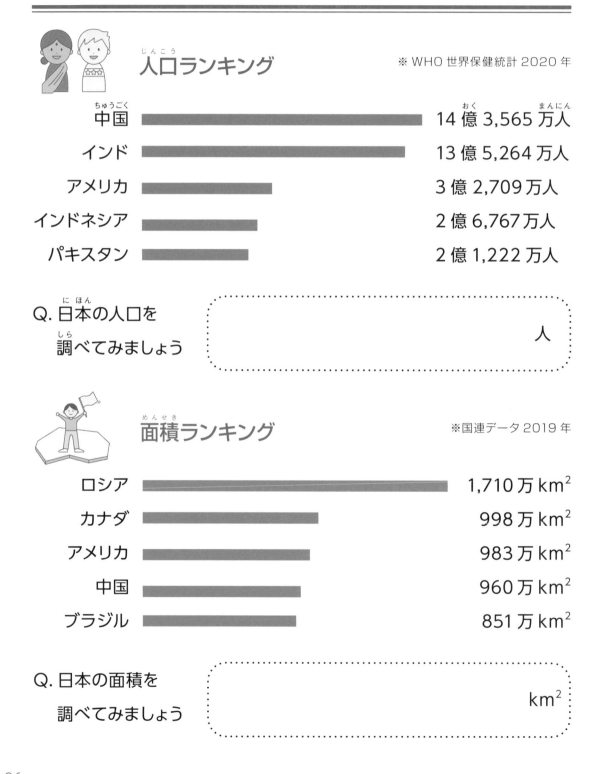

人口ランキング　　　　　※ WHO 世界保健統計 2020 年

中国	14 億 3,565 万人
インド	13 億 5,264 万人
アメリカ	3 億 2,709 万人
インドネシア	2 億 6,767 万人
パキスタン	2 億 1,222 万人

Q. 日本の人口を
　調べてみましょう

人

面積ランキング　　　　　※国連データ 2019 年

ロシア	1,710 万 km^2
カナダ	998 万 km^2
アメリカ	983 万 km^2
中国	960 万 km^2
ブラジル	851 万 km^2

Q. 日本の面積を
　調べてみましょう

km^2

GDP ランキング

※ IMF データ 2018 年

アメリカ	20.54 兆ドル
中国	13,61 兆ドル
日本	4.971 兆ドル
ドイツ	3.948 兆ドル
イギリス	2.855 兆ドル

GDP＝国内総生産。一定期間内に国内で新たに生み出されたモノやサービスの付加価値のことです。簡単に言うと、国全体でもうけた金額。国の経済力の目安としてよく用いられます。

■ 色々なことで、順位や共通点などを探してみましょう

たくさんの人が話している言語は？
中国語、英語、ヒンディー語、スペイン語など

お箸を使う国は？
日本、中国、韓国、シンガポール、ベトナムなど

お米の生産が多い国は？
中国、インド、インドネシアなど

日本と同じ習慣の国もあるんだね。

03

他の国について調べてみよう

ブラジル

ブラジル連邦共和国
首都：ブラジリア
人口：約 1 億 9000 万人
面積：約 850 万 km²
通貨：レアル
主な言語：ポルトガル語

　ブラジルは、南アメリカ大陸で最大の面積をもつ国で、大西洋に面しています。地球儀で見ると、ちょうど日本の反対側にあります。日本が昼間の時、ブラジルは夜になります。

　日本よりも広い国土に、日本よりも多くの人が住んでいます。面積の広さは世界で 5 位です。北部は赤道直下にあたり、巨大なアマゾン川と熱帯雨林が広がっています。

　サッカーが強く、サンバなどの踊りが有名な国ですね。また、コーヒーや大豆、さとうきびなどの農作物をたくさん生産しています。

　遠く離れた国ですが、実は日本とブラジルには古くからつながりがあります。明治時代に日本からたくさんの人が、仕事を求めてブラジルに移住しました。今でも、日系人が約 160 万人も暮らしています。

■ 興味のある国について調べてみましょう

国名

首都

通貨

人口

日本と比べて　多い・同じ・少ない

面積

日本と比べて　大きい・同じ・小さい

特徴
（気候や名産品、言語や宗教、有名な山や川、建物はあるか、など）

04

国際協力

新型コロナウイルス

2019 年にはじめて確認された新型コロナウイルス。各国で緊急事態宣言が出され、自粛生活や外出時のマスク着用といった対応が取られました。

　これまでにも、マラリア、HIV、鳥インフルエンザ、SARS など、様々な感染症が広がり、多くの人が命を落としてきました。交通手段の発達等により、世界中で人やモノが行き来するため、感染症もまた広がりやすくなっています。

国を超えた協力

　感染症は一国だけの問題ではなく、世界で取り組まなければならない問題です。戦後しばらく日本人の死亡原因の１位は「結核」という感染症でした。しかしその後、生活環境の改善や薬の治療が進み、死亡率が下がりました。そして、1960 年代からは、日本が途上国にその技術やノウハウを提供するようになりました。

　このように、世界の国々で協力して情報を持ち寄り、病気の対策をすることが必要とされています。特に、資金もノウハウも不足している途上国への支援が欠かせません。

新型コロナウイルス感染症の正式名称は「COVID-19」。

■ WHO（世界保健機関）

WHO は 1948 年に設立された**国際連合**の専門機関で、本部はスイスのジュネーブにあります。「**すべての人々が可能な最高の健康水準に到達すること**」を目的にしています。

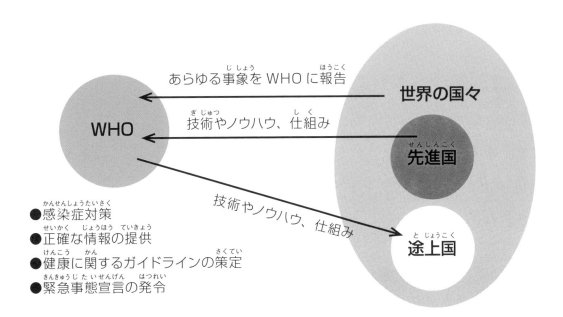

●感染症対策
●正確な情報の提供
●健康に関するガイドラインの策定
●緊急事態宣言の発令

新型コロナウイルスに関して起こったあらゆる事象を、各国が WHO に報告することで、WHO にはデータが蓄積されます。そのデータを元に、発生を未然に防ぐことや、発生した場合には拡大をどうやって阻止するかといった対策を取ることができます。

■ その他の国際機関

その他にも様々な国際機関があります。自分でも調べてみましょう。

国際連合（UN） 1945 年設立。本部はアメリカのニューヨーク。

世界貿易機関（WTO） 1995 年設立。本部はスイスのジュネーブ。

国際原子力機関（IAEA） 1957 年設立。本部はオーストリアのウィーン。

国際通貨基金（IMF） 1945 年設立。本部はアメリカのワシントン。

05

環境保全

　約70億人が住む地球上には、国境を超えた様々な地球規模の環境問題があります。その中の一つに、**地球温暖化**があります。

■ 地球温暖化はなぜ起こる?

　二酸化炭素やメタンなどの**温室効果ガス**の増加によって、地球の周りに層ができ、本来宇宙に放出される熱が吸収されることで、地球の表面や大気の温度が上がっていると言われています。温室効果ガスが増えたのは、石油などの燃料の利用増加や、二酸化炭素を吸収する森林の減少などが考えられます。

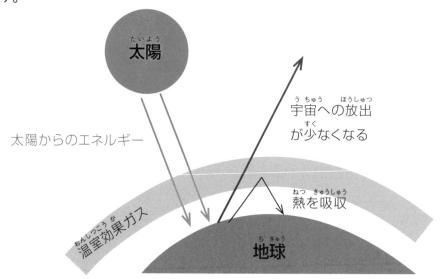

太陽

太陽からのエネルギー

宇宙への放出
が少なくなる

温室効果ガス

熱を吸収

地球

■ 地球温暖化の影響

　地球温暖化により、気温の上昇・海面の上昇が起こります。異常気象により洪水や干ばつなどが起こり、農作物や水産物が育たない・採れなくなるなど、生活や産業への影響が出ています。

二酸化炭素の排出量　単位：100万トン

	国名	排出量
1	中国	9,825
2	アメリカ	4,964
3	インド	2,480
4	ロシア	1,532
5	日本	1,123

BP 世界エネルギー統計 2019 年

地球全体の取り組み

　地球全体で、温室効果ガスを削減する取り組みが行われています。2015 年に採択された**パリ協定**では、途上国を含む全ての参加国に、排出削減の努力が求められました。日本も、2030 年度の温室効果ガスの排出を 2013 年度の水準から 26%削減することが目標として定められました。

温室効果ガス削減のために

　石炭石油に替わるエネルギーや、環境にやさしいエコカーの開発、省エネに対応した家電など、温室効果ガスの削減につながる様々な取り組みがされいます。

家庭でもできる取り組み

　「うちでは、電球は全部 LED ライトにしてるよ。」

　「夏は冷房の温度を下げすぎないように、なるべく 28 度以上に設定してる。」

　「天ぷら油などの廃油でバスが走っているんだって！」

06

サステイナブル（持続可能）な社会をめざして

■ 大量消費社会の課題

　私たちは、経済発展、技術革新により、豊かで便利な生活を手に入れてきました。一方でこの便利な生活は、地球環境の悪化をまねいています。

　前ページの地球温暖化や空気の汚染、石油や石炭を大量に消費することによる限られた資源の枯渇、沢山のゴミなど。大量消費による弊害が、将来に続く様々な問題を引き起こしています。

| 将来に続く様々な問題 | エネルギー消費による資源の枯渇 | 増え続けるゴミ問題 | 森林の減少 |

| 協力して行動 | 代替エネルギー | リサイクル | 自然保護 |

持続可能な社会へ

　次の世代も安心して、豊かで快適な生活を続けていける社会＝**持続可能な社会**を作るために、協力し、行動することが必要です。

■ 身近でできること

たとえば、海洋プラスチックゴミ問題があります。海洋生物がプラスチックのポリ袋やストローを食べてしまうことが問題になっています。もちろん、魚などを食べる人間も体にプラスチックを取り込むことになり、影響が懸念されています。

このようなゴミ問題は、リサイクルによって減らすことができます。日本でも2020年7月からレジ袋の有料化が義務付けられましたね。何度も繰り返し使用できるものを使うことで、ゴミを減らすことができます。

「買い物に行くときは、レジ袋をやめてエコバッグを持つようにしてるよ。」

「エネルギーを使う量を減らしたり、ゴミそのものを減らしていくことも大事だね。」

■ 持続可能な社会をめざす

持続可能な社会を実現するためには、エネルギーや環境問題の他にも様々な目標が含まれます。貧困をなくすこと・飢餓をゼロにすること・質の高い教育を提供することなど、多岐にわたります。「みんなにとってより良い社会ってなんだろう?」それを考え、目指していくことが必要です。

持続可能な開発目標（SDGs）とは，国連サミットで採択された2030年までによりよい世界を目指す17の国際目標です。環境や資源以外にも、貧困・飢餓・健康・平等など、「誰ひとり取り残さない」公正で豊かな社会を実現するために世界全体で取り組みます。

この章のまとめとチェック

●下のキーワードの中から選んで、文章を穴埋めしましょう。

・日本にとって、輸出や輸入をする最大の貿易相手は
［　　　　　　　　　　］

と［　　　　　　　］です。

・世界で1番面積の広い国は［　　　　　　　］です。

> ブラジル・アメリカ・サウジアラビア・韓国・中国・ベトナム・
> オーストラリア・ロシア・カナダ・インドネシア

●インターネットで、いろんな国のランキングを調べてみましょう。

ランキングのタイトル：［　　　　　　　　　　　　　　　　］

1 ....

2 ....

3 ....

●環境を守るために、あなたが何か行っていることや、気をつけていることが
あれば書きましょう。

7
日本の歴史

01

日本の歴史年表

時代	できごと
縄文	採取や狩り
弥生	稲作・金属器が伝わる 各地に小さな「くに」ができる
古墳	大和朝廷の国土統一
飛鳥	仏教が伝わる 大化の改新 天皇や貴族を中心とした政治が行われる
奈良	平城京に都を移す
平安	平安京に都を移す 武士があらわれる
鎌倉	鎌倉幕府成立 武士を中心とした政治が行われる 元寇　蒙古襲来
室町	室町幕府成立 応仁の乱 戦国時代

安土桃山	織田信長／豊臣秀吉 天下統一
江戸	徳川家康 江戸幕府成立 鎖国の完成 ペリー来航　鎖国の終わり
明治	明治維新 日清戦争 日露戦争
大正	普通選挙制がはじまる 第一次世界大戦
昭和	第二次世界大戦 選挙法改正　男女同権 日本国憲法公布 東京オリンピック
平成	バブル崩壊 東日本大震災
令和	

02

古代〜武士の時代へ

古代 | 古代の日本〜狩猟から稲作、村から国へ〜

大昔の日本では、人々は狩りや漁をしたり、木の実を採って暮らしていました。

今から3000年ほど前に、大陸から米作りの技術が伝えられたといわれています。米作りがさかんになると、人々は集まって住み、協力して作業をし、人口も増えて村ができました。

やがて、他の村を支配するほどの力を持った者たち（王や豪族）は各地に国をつくりました。

縄文時代の火焔型土器

復元された竪穴式住居

4世紀頃 | 天皇や貴族を中心にした政治 約（　　　）年前

なかでも強い勢力を持った豪族たちは、**大和政権**という政府を作り、その中心人物を大王＝天皇とよびました。

8世紀末に都が京都に移される頃には、有力な貴族たちが天皇に代わって政治を動かすほどの権力を持つようになりました。

一方で、各地に派遣され税を集めたりしていた人々が、武力をもとに領地を広げ、力をつけていきました。**武士**の誕生です。

奈良にある法隆寺

京都にある平等院鳳凰堂

1160年頃	武家政権のはじまり　約（　　　）年前

武士団の2大勢力だった平氏と源氏が台頭し、平氏を倒した源頼朝が**鎌倉幕府**を設立します。室町時代になると、幕府は朝廷に代わって権力を持つようになりましたが、やがて大名の権力争いが起こり、**応仁の乱**に発展します。

金閣寺（再建後）

1467年	戦国時代〜全国統一へ　約（　　　）年前

室町幕府の権力が弱まると、全国各地の戦国大名たちが戦う時代になります。有力武将であった織田信長は、全国統一を目前にしながら、家臣の明智光秀に裏切られ命を落とします。その明智光秀を倒した豊臣秀吉は、信長の死から8年後に全国を統一しました。

織田信長

1603年	江戸時代　約（　　　）年前

秀吉が病死した後、**関ヶ原の戦いで勝利**した徳川家康は、1603年に江戸幕府を開きます。それから約260年に渡り江戸時代が続きます。この時代に幕府はキリスト教を禁止し、また外国との交流を制限する**鎖国**体制をとります。財政難が度重なったため、江戸幕府は3度にわたる幕政改革を行いました。

徳川家康

111

03

幕末から明治維新へ

| 1853年 | ペリー来航と開国〜江戸幕府がほろびる　約（　　　）年前 |

1853年、ペリー率いるアメリカの軍艦が浦賀に上陸し、鎖国していた日本に開国をせまりました。翌年の1854年に江戸幕府は日米和親条約を結び開国します。さらにアメリカなど5カ国と貿易条約を結びますが、これは日本に不利な内容を含んだ不平等条約でした。

横浜に上陸したペリー一行

幕府が朝廷の許可を得ないまま条約を結んだため、武士や民衆が幕府に反対する運動が起こりました。

時代の変化を感じた15代将軍の徳川慶喜は、1867年に政権を朝廷に返します。これを大政奉還といいます。

徳川慶喜は京都の二条城に重臣を集め、大政奉還を告げた

| 1868年 | 明治時代〜近代国家への幕開け　約（　　　）年前 |

大政奉還を受けて、明治天皇は天皇中心の政治に戻すことを宣言しました。これを王政復古の大号令といいます。平安末期〜江戸時代まで続いた武家政権はここで終わりました。

明治天皇

江戸幕府がほろび、新しく誕生した明治政府により、日本の近代化が始まります。この時代の一連の改革を**明治維新**といいます。

身分制度はなくなり、民衆も名字を名乗るようになりました。住む場所や職業・結婚も自由になり、小学校〜大学までの学校制度もできました。また、西洋風の食べ物や洋服、建物などを取り入れた、**文明開化**といわれる現象もおきました。

国は、製糸工場や製鉄・製鋼、造船、石炭産業などに力を入れながら、徴兵制により軍隊を強くする**富国強兵**の政策を進めます。

旧開智学校校舎。文明開化を代表する擬洋風建築。

世界遺産にも登録された長崎県の軍艦島は、炭鉱都市として栄えた。

1894年	日清戦争　約（　　　）年前

1894年に朝鮮半島をめぐり清と戦争が始まり、日本は勝利しました。しかし日本の利権に干渉してきたロシアとの対立が強まります。

日清戦争（旅順口の戦い）

1904年	日露戦争　約（　　　）年前

1904年にロシアとの間で日露戦争が始まります。日本は戦争を優位に進めたまま、アメリカの仲介により講話しました。

日露戦争（樺太の戦い）　113

04

第二次世界大戦を経て

1905年	日清日露戦争を終えて　約（　　　　）年前

　日露戦争での講和条約では、日本は南満州の鉄道や鉱山の利権などを得ましたが、賠償金は得られませんでした。そのため、戦争の費用で苦しんだ国民には不満が残りました。

　一方で、1911年には**関税自主権**が回復され、不平等条約が改正されました。戦争の勝利や条約改正で欧米と対等な関係を築いた日本は、ますます国力をつけていきます。

大連の南満洲鉄道株式会社。
南満州鉄道は、1905年に締結されたポーツマス条約によって、ロシア帝国から大日本帝国に譲渡された。

1931年	広がる日中戦争　約（　　　　）年前

　昭和の初め頃から日本は不景気になり、生活に苦しむ人が多くなりました。こうした中、軍の指導部や政治家は、中国に勢力を伸ばすことで不景気を回復しようとしました。

　1931年、満州にいた日本軍が中国軍を攻撃し、**満州事変**になりました。日本による満州国独立を**国際連盟**が認めなかったため、日本は国際連盟を脱退します。やがて戦争は中国各地に広がり、**日中戦争**へつながっていきます。

日満議定書の調印式

1939年	第二次世界大戦のはじまり　約（　　　）年前

同じ頃、ヨーロッパではドイツが周辺国を侵略し、イギリス・フランスなどと戦争になります。日本はドイツ・イタリアと同盟を結びます。また、石油などの資源を得るために東南アジアへ軍隊を進めました。アジアもヨーロッパも戦場となる**第二次世界大戦**が始まりました。

レーダーやジェット機といった新しい戦力が投入された

1941年	太平洋戦争により広がる戦場　約（　　　）年前

1941年、日本がハワイのアメリカ軍港である真珠湾などを攻撃したことにより、アメリカやイギリスとも戦争が始まります（太平洋戦争）。

はじめは勝利していた日本も、アメリカの反撃により劣勢になります。東京をはじめ多くの都市が焼夷弾による空襲にあいました。1945年には沖縄本島にアメリカ軍が上陸し激しい戦闘になりました。そして8月6日に広島、9日に長崎に原子爆弾が投下されます。ソ連も参戦したことで、日本は8月15日に降伏します。この戦争で、日本では約310万人がなくなりました。また、終戦時に満州にいた約60万人の日本兵はシベリアに抑留され、多くの人がなくなりました。

物資の不足により、国民は耐え忍ぶ生活を強いられた

広島に投下された原子爆弾

05

平和な社会をめざす

1945 年	戦後の復興〜平和で民主的な社会へ　約（　　　）年前

　戦争に敗れた日本は、アメリカを中心とする連合国軍に占領されました。日本政府は、その指示のもとで民主的な社会をつくるための改革を進めていきます。1946 年 11 月 3 日に公布された**日本国憲法**の前文には、国民に主権があり、世界平和を願う理想が書かれています。(40 ページ参照)

新幹線

....

　戦争により多くの家が焼かれ、家族を失い、食べるものも満足にない生活からの復興になりましたが、国民の努力とアメリカの協力により、日本は産業を急速に発展させました。高度経済成長をむかえ、1964 年には東京オリンピックを開催し、めざましい復興をみせました。

東京オリンピック

2019 年	令和の新時代〜未来へ　約（　　　）年前

　昭和・平成を経て、令和の時代になりました。様々な課題をかかえながら、これからも豊かで平和な社会を築き上げていく努力が必要です。

この章のまとめとチェック

●下のキーワードの中から選んで、文章を穴埋めしましょう。

・江戸幕府がほろび明治時代になると、日本は欧米諸国を手本に、近代化

を始めます。一連の改革を ＿＿＿＿＿＿ といいます。西洋の文化を取

り入れ、文明開化と呼ばれる現象も起きました。民衆が ＿＿＿＿＿＿

を名乗るようになったのはこの時代からです。また、国は産業に力を入れながら、

徴兵制によって軍隊を強くする ＿＿＿＿＿＿ の政策を進めました。

> ルネッサンス・富国強兵・大化の改新・応仁の乱・ヨーロッパ・
> 大政奉還・明治維新・ロシア・日清戦争・名字・あだ名・正式名称

●下のキーワードの中から選んで、文章を穴埋めしましょう。

・昭和のはじめころ、日本は中国に勢力をのばし、日中戦争へとつながりました。

その後、 ＿＿＿＿＿＿ などの資源を得るため、東南アジアへ進軍しました。

欧米諸国とも戦争になり、1945年には沖縄に ＿＿＿＿＿＿ の軍隊

が上陸し激しい戦闘になりました。日本はその年の ＿＿＿＿＿＿ に

降伏しました。

> 11月1日・牛乳・太陽エネルギー・9月15日・ロシア・8月15日
> ・石油・中国・アメリカ・ブラジル・韓国・半導体・原住民

さくいん

監修　添田和久（東京都立八王子西特別支援学校）

　　　永峯秀人（東京都立八王子西特別支援学校）

　　　※50音順

参考図書

・ひとりだちするための進路学習

・ひとりだちするためのライフキャリア教育

・ひとりだちするための就労支援ノート

写真・図版等出典

Ryo FUKAsawa/Vihiqebia/663highland/Bundesarchiv/Kakidai/Artyominc
Taisyo/Mitsuo Matsushige/ 内閣官房内閣広報室 /Yumi Kimura

イラスト（表紙・本文）：新谷薫

ひとりだちするための社会

2020 年 12 月 1 日　初版発行

2023 年 5 月 15 日　初版第 2 刷発行

発行所　株式会社エストディオ　出版事業部
　　　　（日本教育研究出版）

　　　東京都目黒区上目黒 3-6-2 伊藤ビル 302

　　　TEL 03-6303-0543　FAX 03-6303-0546

　　　WEB http://www.estudio-japan.com

ISBN978-4-931336-36-0 C7036